Cecilio Gurrola Navarrete

CONSOLIDACIÓN DE LA REPÚBLICA DEMOCRÁTICA Y POPULAR

NEOLIBERALISMO → **TRANSICIÓN**
1982-2018   **2018-2024**

Empresa Editora: Amazon- Casa Editorial. México, 8 noviembre 2023

Sello: Independently published

ISBN: 9798866945719

Pasta blanda: 304 páginas

ASIN: B0CMXP5W4H

ACERCA DEL AUTOR

Nacionalidad mexicana, casado y padre de cinco hijos.

Con más de 30 años de trabajo docente en educación básica y superior.

Con títulos en Ingeniería, Licenciatura, Maestría y Doctorado en Pedagogía.

Con especialidades: "Educación Superior" y "Las Herramientas Tecnológicas en la Educación".

Distinción "El mérito académico" por el subsecretario de educación Pública federal 2008

Distinción "Honor al Esfuerzo" por el secretario de educación de Nayarit 2005

Distinción Best Seller en 2023 con el libro Alimentación Orgánica por la Editorial Amazon

Participante en más de 30 diplomados.

Con experiencia en la coordinación y diseño de cursos de actualización, talleres y diplomados dirigidos a docentes de educación básica.

Asesoría a más de cien proyectos de tesis a estudiantes normalistas

Asesor y coordinador de cursos a padres de familia.

Conferencista en temas de educación.

Autor de los siguientes libros: "Propuesta educativa para prevenir y erradicar la violencia y el acoso escolar", "Educación familiar basada en valores", "Alimentación Orgánica: La mejor opción para la salud" "Control Emocional".

Coautor del libro "Temas de pedagogía".

DEDICATORIAS

A todos los hombres y mujeres que han dado su vida en la lucha por su patria, a los mexicanos: Miguel Hidalgo y Costilla, José María Morelos y Pavón, Benito Juárez, los hermanos Flores Magón, Zapata, Villa y Lázaro Cárdenas.

A los héroes que extendieron sus luchas por la libertad de los latinoamericanos: José Martí, Ernesto Guevara, Fidel Castro, Simón Bolívar y muchos más.

Por los grandes líderes mundiales que pusieron el ejemplo al luchar por la libertad en sus naciones: Nelson Mandela, Mahatma Gandhi, Martin Luther King, entre muchos más.

Al presidente de México, Andrés Manuel López Obrador, que por su entrega y lucha por las mejores causas de la patria, hoy tiene ganado el reconocimiento de los mexicanos, así como el respeto y admiración por parte de todos los pueblos y gobiernos del mundo.

ÍNDICE

EL MÉXICO DE HOY: LA TRANSICIÓN

PRÓLOGO

Todo ciudadano mexicano tiene el deber de conocer la sociedad en la que vive, tanto en el ámbito local, como nacional e internacional. Para comprender la realidad sociopolítica, es necesario hacer un análisis minucioso de cada uno de los acontecimientos más importantes que han sucedido a través del tiempo. Todos los pueblos se transforman y evolucionan debido a las acciones que los individuos llevan a cabo para transitar hacia una mejor sociedad.

En este libro "Consolidación de la República Democrática y Popular", nos muestra el autor Dr. Cecilio Gurrola Navarrete, una serie de sucesos y acontecimientos de los últimos 70 años, tanto de México como de América Latina. Este análisis, sin duda nos permite tener una idea clara y precisa de los fenómenos sociopolíticos que observamos actualmente en todas las regiones del planeta. De la misma manera podemos tener claramente la mejor prospectiva de los acontecimientos que las sociedades del futuro estarán viviendo en los próximos años.

Estoy segura que este material bibliográfico será un gran apoyo para que ciudadanos, simpatizantes y militantes de la izquierda progresista, logremos entender de una manera clara y precisa, todo lo que vivimos actualmente en la sociedad. Básicamente lo relacionado con el ejercicio de la política en el poder público, los tipos de gobierno, los Estados autoritarios, los gobiernos de derecha, la izquierda progresista, los gobiernos neoliberales, etc.

Es un orgullo de mi parte, poder presentar esta importante obra a la sociedad, lo hago como representante popular de los pueblos originarios ante el Honorable Congreso Local de Nayarit y como miembro activo de la Cuarta Transformación que muy acertadamente la está dirigiendo nuestro presidente Andrés Manuel López Obrador en la república mexicana.

Dip. María Belén Muñoz Barajas

INTRODUCCIÓN

Este libro está dirigido a todos los que se han atrevido a penetrar al maravilloso mundo de la lectura y del conocimiento, a los que son libres de pensamiento y ya no quieren vivir engañados, manipulados, ni dominados por mentes perversas que viven de la opresión a la sociedad.

Hablar de la historia de los pueblos, es hablar de la lucha de clases. La lucha por el poder ha estado presente desde épocas inmemorables (como lo sostienen las distintas teorías sociopolíticas), desde las antiguas civilizaciones hasta la época actual. Mientras unos luchan por la emancipación de los pueblos y las libertades democráticas, otros lo hacen para mantener su dominio y sometimiento.

El libro "Consolidación de la República Democrática y Popular" nos da la clave para comprender de una manera clara y precisa, los movimientos sociopolíticos más importantes del México posrevolucionario de mediados del siglo XX hasta nuestros días. Se hace, además, un análisis detallado de los diferentes tipos de gobierno en los países latinoamericanos que han sucedido en los últimos 70 años.

Después de más de medio siglo de luchas del pueblo, en contra de una clase política que se perpetuó en el poder político durante más de medio siglo, ocasionando miseria y subdesarrollo para la inmensa mayoría de los mexicanos, estamos viviendo a partir del triunfo de la izquierda progresista del 2018 con Andrés Manuel López Obrador, el último año de la transición política para seguir con "el gran paso": La Consolidación de la República Democrática y Popular en el próximo sexenio (2024-2030).

A partir de lo anterior, se plasma en este trabajo, la construcción del mejor de los escenarios sobre el próximo sexenio (2024-2030). Para dar el siguiente paso, los mexicanos contamos con tres cosas importantes en hacer realidad la anhelada transformación de la vida nacional:

Primero, contamos con la aportación inigualable y logros importantes de un luchador social como lo es el presidente de la república.

Segundo, tenemos una luchadora social que es la Doctora Claudia Sheinbaum con experiencia suficiente y capacidad para encabezar los cambios que la nación requiere.

Tercero, existe un pueblo con ansias de luchar, que mantiene viva la esperanza de acceder a una sociedad con justicia social y bienestar para todos los mexicanos.

En este libro se muestran datos y acontecimientos que son el resultado de una minuciosa investigación, que todo ciudadano, militante o simpatizante de la izquierda progresista debe leer para comprender de la mejor manera posible, los cambios sociopolíticos que están sucediendo en México, América y en el mundo. Se analizan los tipos de gobierno que en México se han tenido en los últimos 70 años; así como en los países de América Latina: las dictaduras, los gobiernos de derecha, de izquierda y la influencia que ha tenido en la región el gobierno de EE.UU.

Como ciudadanos, si queremos contribuir en la transformación positiva de la patria, lo primero que necesitamos es conocer y comprender los diversos métodos que las ciencias sociales nos ofrecen, respecto a los procesos de evolución que los pueblos siguen para lograr su independencia y libertad.

En el primer capítulo se hace mención de los gobiernos represivos en México durante "la guerra sucia" en los 60 y 70 del siglo pasado, posteriormente se habla sobre lo que es el neoliberalismo, su origen, sus políticas económicas y su incursión en México. Se menciona sobre los gobiernos dictatoriales en los países de América Latina y el apoyo que les dio la derecha conservadora junto con los EE. UU. Al final se habla sobre los triunfos de la izquierda en

Latinoamérica y sus importantes logros desde los 80 del siglo pasado hasta la fecha.

En el segundo capítulo se expone acerca del actual sexenio de "La transición", así como sus principales logros en lo político, económico y social. Se analiza además detalladamente cómo ha sido el desempeño del presidente Andrés Manuel López Obrador frente a la ciudadanía, que hasta la fecha tiene toda la confianza de que el movimiento que él encabeza, continúe con la transformación del país para los próximos seis años que seguramente será encabezado por Claudia Sheinbaum.

En el tercer capítulo se plantea el escenario político mejor posible, en el que la sociedad y gobierno de la 4T, participen juntos en la consolidación de la república democrática durante el próximo sexenio. Se plantean ideas y propuestas que se han de desarrollar para continuar con el proceso de transformación en los temas: el poder en manos del pueblo, la democracia participativa como alternativa de movilidad ciudadana, el eje rector de la educación y su importante papel en las tareas de transformación nacional. En la parte final del capítulo, se hace mención de la democratización de los medios de comunicación al servicio de la sociedad, la atención médica como un derecho de toda la población con la participación ciudadana, alternativas para crear conciencia política en los ciudadanos, entre otros temas.

En el último capítulo se hace referencia a la ruta a seguir por los países de Latinoamérica en la integración económica y los lazos de solidaridad internacional con los pueblos hermanos.

CAPÍTULO I

EL PERIODO NEOLIBERAL

1.1. La incursión neoliberal en los 80 (40 años de resistencia)

A). La izquierda y la derecha según la concepción filosófica

La izquierda busca la igualdad entre los individuos, como resultado y no como presupuesto; dicho de otro modo, la izquierda busca la libertad a través de la igualdad. En economía, confía en la planificación y regulación estatal, pone el acento en la distribución y en el principio de reparto. Esta concepción sostiene que por parte del Estado se les debe apoyar a las mayorías de la sociedad, con oportunidades y bienestar que son las clases sociales bajas del país. Su criterio de reparto sería en base a la necesidad de cada individuo.

La derecha busca la igualdad a través de la libertad y confía más en el mercado y en la iniciativa privada. Prioriza la producción, la creación de riqueza y su criterio de reparto sería el mérito (Navas, 2013). Esta concepción sostiene que para que le vaya bien a un país se requiere apoyar a las clases empresariales.

B). Antecedentes Históricos

En la década de los 50, la clase empresarial se había mantenido fiel aliada a los gobiernos emanados del PRI, cuya única finalidad era sofocar cualquier intento de resurgimiento de los ideales políticos del cardenismo que había tenido gran influencia en los campesinos, obreros, profesores e intelectuales progresistas. A ese tipo de alianzas para reprimir al pueblo entre caciques locales, empresarios y grupos fácticos es a lo que en México se conoce como "La guerra sucia".

La estrategia utilizada por estos grupos, fue la represión y el asesinato de dirigentes campesinos como Rubén

Jaramillo que bajo el ideal cardenista logró organizar a más de 5 mil campesinos en cooperativas de producción agrícola en el Estado de Morelos y que fue asesinado por mandos militares en el año de 1962 junto con su familia.

Luego del triunfo de la revolución cubana en 1959, los temores de los grupos de la derecha mexicana era a toda costa evitar la propagación de los ideales de la revolución cubana y de sus principales protagonistas, el comandante Fidel Castro y el comandante Ernesto Guevara de la Serna, que habían ganado gran simpatía en los sectores más desprotegidos de la sociedad, así como en estudiantes, profesores e intelectuales, tanto de México como de América Latina.

Bajo este tenor, los grupos reaccionarios alentaban al gobierno mexicano a reprimir todo tipo de manifestaciones de grupos progresistas. Fue así como el gobierno de Diaz Ordaz lanza la embestida para asesinar y sofocar mediante el ejército a las manifestaciones de los estudiantes y profesores en ciudad universitaria en 1968, que exigían libertades democráticas y el cese a la represión de parte del Estado.

El entonces presidente Gustavo Díaz Ordaz y su secretario de gobernación, Luis Echeverría Álvarez, respondieron con más represión y la matanza de cientos de ellos en la plaza de las tres culturas.

El 10 de junio de 1971 se cometió otro vergonzoso crimen del Estado mexicano en contra el pueblo de México con la llamada "guerra sucia", fue el día Jueves de Corpus, en su mayoría eran estudiantes de la Universidad Nacional Autónoma de México (UNAM) y del Instituto Politécnico Nacional, (IPN) que salieron a las calles en apoyo a la huelga de la Universidad Autónoma de Nuevo León (UANL), reuniéndose en los alrededores de la estación del metro normal para marchar hacia el Zócalo capitalino.

Señala la fuente, que "Los halcones" eran los miembros de un grupo paramilitar, jóvenes reclutados en barrios marginados y violentos de la capital mexicana, que habían sido entrenados por militares de los gobiernos de México y los Estados Unidos. Utilizaron balas calibre 45 y carabinas 30 M-2, para abatir a los jóvenes manifestantes, quienes corrieron para poder salvar sus vidas. La persecución acabó después de horas; hombres armados intimidaron en las salas de urgencia de los hospitales a médicos y enfermeras: no debían atender a los marchistas heridos. El objetivo no era disolver la manifestación, era matar.

Desafortunadamente, a más de cincuenta años de la brutal agresión, el evento no ha sido condenado. Luis Echeverría Álvarez fue jurídicamente exonerado de toda culpa en 2009, por falta de evidencias, esto a pesar de que ya había sido declarado culpable de genocidio en el año 2006. Aún se desconoce el número real de personas muertas, desaparecidas o heridas. La cifra oficial señaló, ciento veinte fallecidos y cientos de heridos, entre ellos estudiantes, civiles y prensa nacional e internacional (CNDH, S/F).

C). Origen del Neoliberalismo

El Liberalismo Clásico originado entre el siglo XVII y XVIII, representaba el deseo de las clases burguesas de librarse del absolutismo monárquico y vivir en una sociedad de mayores libertades económicas e individuales.

Según el economista Bernardo Kliksberg, el capitalismo salvaje crea monopolios y controla el mercado, que operando a través de las multinacionales genera una enorme desigualdad social. Los pocos ricos son cada vez más ricos y la mayoría de pobres se vuelven cada vez más pobres. El capitalismo salvaje pretende eliminar totalmente al Estado de su tarea de contralor y regulador, para adueñarse del mercado.

Esta práctica, promovida por economistas ortodoxos, es la que está generando cada vez más pobreza en el mundo (Sosteniblepedia, 2017). Según esta definición puede interpretarse que el neoliberalismo de la actualidad se refiere al capitalismo salvaje en su más pura expresión.

El pensamiento neoliberal se fundamenta en las teorías economicistas de autores como el estadounidense y Premio Nobel de Economía en 1976 Milton Friedman (1912-2006), que fue profesor de la universidad de Chicago y asesor del dictador Pinochet. Otro teórico del neoliberalismo fue el austriaco Premio Nobel de Economía en 1974 Friedrich Von Hayek (1899-1992). El concepto de neoliberalismo está relacionado con el resurgimiento de la doctrina político-económica liberal a finales del siglo XX.

Para el neoliberalismo, la competencia es la característica fundamental de las relaciones sociales. Se afirma que "el mercado" produce beneficios que no se podrían conseguir mediante la planificación, y convierte a los ciudadanos en consumidores cuyas opciones democráticas se reducen a comprar y vender, proceso que supuestamente premia el mérito y castiga la ineficacia.

Para el neoliberalismo todo lo que limite la competencia es, desde su punto de vista, contrario a la libertad. Hay que bajar los impuestos, reducir los controles y privatizar los servicios públicos. Las organizaciones obreras y la negociación colectiva no son más que distorsiones del mercado que dificultan la creación de una jerarquía natural de triunfadores y perdedores. La desigualdad es una virtud: una recompensa al esfuerzo y un generador de riqueza que beneficia a todos. La pretensión de crear una sociedad más equitativa es contraproducente y moralmente corrosiva. El mercado se asegura de que todos reciban lo que merecen (Monbiot, 2016).

Este movimiento fue ampliamente criticado por los sectores progresistas de la sociedad, aun cuando muchas de sus ideas se pusieron en práctica durante las décadas del 80 y 90 del siglo XX, por gobiernos de distintas inclinaciones políticas y económicas. Ejemplo de ello fue la política económica del gobierno de Ronald Reagan en Estados Unidos y el de Margaret Thatcher en el Reino Unido.

El término neoliberalismo resurgió con su sentido actual en la década de los 80, asociado a las reformas económicas profundas del régimen dictatorial de Augusto Pinochet que gobernó 17 años (1973-1990) en Chile, guiadas y supervisadas por economistas de la Escuela de Chicago.

¿Qué es el neoliberalismo?

El neoliberalismo (también llamado nuevo liberalismo o liberalismo tecnocrático), es una ideología política y un modelo socioeconómico basado en el mercado de libre competencia como fundamento de toda economía capitalista. Propone políticas de laissez-faire ("dejar hacer", en francés), o sea, de mínima intervención del Estado (Etecé, 2022).

D). La entrada del neoliberalismo a México

A partir de 1982, y durante cinco sexenios (1982–2018), se aplicó en México el proyecto neoliberal que se tradujo en el abandono del Estado interventor, así como de su responsabilidad social; además, se reemplazó el modelo de industrialización sustitutiva de importaciones (hacia dentro) por la liberalización y desregulación industrial, comercial y financiera (hacia fuera).

A diferencia de antaño, se dio prioridad al capital financiero o inversión de cartera por el capital productivo; de la aspirada soberanía en el diseño de la política económica, se aceptaron las directrices del Fondo Monetario Internacional (FMI) y del Banco Mundial (BM).

En la esfera social, "la exclusión", "la marginación" y "la pobreza extrema", fueron las palabras clave; en el ámbito político, se produjo la división de la élite priista y el dominio de la tecnocracia neoliberal sobre el estructuralismo Keynesiano; el achicamiento del aparato estatal (privatizaciones) y la disminución del gasto público, afectaron al corporativismo y al control clientelar.

E). La globalización y El Tratado de Libre Comercio con América del Norte (TLCAN) en México

A la globalización se le percibe como la nueva fase histórica del capitalismo: en el ámbito económico se concreta en la mundialización o interconexión de los mercados financieros; políticamente, se traduce en el debilitamiento del Estado de Bienestar con la privatización y la desregulación; productivamente, se manifiesta con el reemplazo de la rigidez productiva por la producción flexible.

En el campo cultural su masificación, los intentos de homogeneización mediática y la consolidación de la "aldea global". Lo más significativo es el debilitamiento continuo de la soberanía de los Estados nación, frente a las compañías transnacionales y los organismos internacionales (FMI, BM y BID) que gobiernan sin ser gobiernos, que diseñan y asignan sus estrategias supranacionales al margen de los gobiernos nacionales (Salazar, 2004).

De todas las reformas neoliberales que se han introducido desde Miguel de la Madrid (1982-1988) y consolidado durante los gobiernos de Carlos Salinas de Gortari (1988-1994), Ernesto Zedillo (1994-2000), Vicente Fox (2000-2006), Felipe Calderón (2006-2012) y Peña Nieto (2012-2018); las más contundentes son las encaminadas a transformar las relaciones sociales, económicas y políticas en el campo mexicano.

Establecido bajo la reforma agraria, el sector ejidal ha sido aquel donde el Estado ha intervenido en la mayor parte de las fases de producción y distribución; desde el planeamiento y suministro de insumos hasta la comercialización. Dicha intervención es ahora reemplazada por el mercado como principal mecanismo para la asignación de recursos.

Todos los subsidios a los precios de las cosechas y los insumos agrícolas han disminuido gradualmente año con año, el crédito ya se ha reducido sustancialmente, la mayor parte de las agencias comerciales del Estado han ido desapareciendo poco a poco y la regulación directa de los precios ha sido reemplazada por el libre comercio de la mayor parte de los cultivos.

A partir de 2003, por virtud del Tratado de Libre Comercio de América del Norte (TLCAN), ya solo tres productos agrícolas (para el 2011) seguían con algún tipo de protección en México: el maíz, el frijol y la leche. Todos los demás productos han quedado liberalizados y sujetos a la competencia internacional, a pesar de que el vecino país del norte ha legislado para apoyar a sus agricultores con subsidios de 183 mil millones de dólares en el periodo de 2002-2012.

Lo que esto significa es que los productos estadounidenses aparecen artificialmente con menores precios en el mercado internacional, y convierten a los mexicanos en "poco competitivos". El resultado, de nuevo, es la quiebra masiva de los productores nacionales (PIMSA, 2011).

F). Los resultados de treinta y seis años de neoliberalismo en México

·   En lo económico

·   Producción. De 1982 a 1995 el PIB de México creció 12.85%, mientras que la población lo hizo alrededor de 28%. Significa que el PIB creció al 0.98% anual y la población al 2.1 %. Por tanto, el supuesto del crecimiento económico con las políticas de ajuste estructural es solo eso: un supuesto sin sustento.

· Exportaciones e Importaciones. En 1983, por cada peso que se importaba, se exportaban 2.4 pesos. Para finales de 1994 por cada peso en importaciones, se exportaba un peso. Significa que, en términos proporcionales, las exportaciones no crecieron y sí las importaciones. El mito exportador del neoliberalismo no se cumplió.

· Salarios. La remuneración de los asalariados, respecto del PIB, descendió del 41.57% en 1982 a 32.3% en 1993. El salario mínimo pasó de 236 dólares mensuales en 1980 a 79 dólares mensuales en 1996. El salario mínimo norteamericano para 1996 fue de 1024 dólares mensuales, es decir, 13 veces mayor que el mexicano.

· Deuda Externa. Para finales de 1982, con el fin de los gobiernos populistas y después de 161 años de vida independiente, la deuda externa era de 83 mil millones de dólares. Para 1996, apenas el año número catorce del neoliberalismo, dicha deuda alcanzó los 180 mil millones de dólares.

El Fobaproa: El gran atraco a la nación

Fue tal la insolvencia de los bancos durante la crisis de 1994, que el Fobaproa (Fondo Bancario de Protección al Ahorro) terminó absorbiendo su cartera vencida en los siguientes años, hasta acumular una deuda de 552,300 millones de pesos en el gobierno de Ernesto Zedillo (Ventura, 2020).

De acuerdo con datos de la Secretaría de Hacienda y Crédito Público (SHCP), hasta diciembre de 2021, la deuda del Fobaproa —que se compone de los pasivos del IPAB y del programa de apoyo a deudores de la banca– alcanzó 1 billón 040,507 millones de pesos, suma que sigue cubriéndose por los contribuyentes (Ramírez, 2023). Ese fue el monto de la deuda pública para el rescate de los bancos privados y empresas que se declararon en quiebra ante las políticas neoliberales iniciadas con Miguel de la Madrid y Salinas de Gortari desde 1982.

Los mexicanos seguimos pagando más de 43,000 millones de pesos al año de una deuda que se generó hace más de dos décadas y se seguirá pagando por las futuras generaciones durante los próximos 50 años (Ventura, 2020).

· 	Inflación y Poder Adquisitivo. De 1982 a 1996 los precios crecieron alrededor de 11000%, mientras que los salarios solo incrementaron 5000%.

·   Pobreza y Concentración del Ingreso. De 1982 a 1996 la cantidad de personas en pobreza extrema pasó de 20 a 40 millones. La pobreza en general, considerando un ingreso de 0 a 3 salarios mínimos (hasta 239 dólares mensuales), representa el 78% de los asalariados. En contraste, para ese mismo lapso, México pasó de 1 a 24 personas entre las 100 más ricas del mundo.

·   Privatización de la Economía. En 1982 México tenía 1155 empresas estatales. En 1996 no son más del 20% de ellas. Incluso en las jubilaciones y la seguridad social se ha copiado el modelo chileno, con el llamado Sistema de Ahorro para el Retiro. Con ello, los bancos privados podrán manejar, en pocos años, casi el 50% del Producto Interno Bruto. Paralelo a ello, se han desmantelado lentamente los servicios de seguridad social, como el IMSS, a través del desabasto, la sobre saturación y la desaparición de servicios y prestaciones a los trabajadores.

·   Subsidios. En 1982 muchos de los bienes y servicios fundamentales (tortillas, leche, agua potable, energía eléctrica, teléfono, combustibles, educación y salud) eran baratos o prácticamente gratuitos. Para 1996 se han eliminado casi todos los subsidios para la población, encareciendo la educación y restringiendo los servicios de salud. En contraste, el gobierno mexicano ha subsidiado a la banca con más dinero que el que recibió cuando fue privatizada.

·   Empleos. De 1982 a 1994 el número de ocupados creció 8.25%, mientras que la población creció 23%. Es decir, después de catorce años de políticas de ajuste estructural hay un 14.75% de déficit en ocupaciones, sin contar con los que ya se encontraban desocupados.

En conclusión, la política económica neoliberal ha sido un fracaso. Sus previsiones fundamentales (hacer crecer la economía, frenar la inflación, aumentar los empleos, incrementar las exportaciones, reducir la pobreza, mejorar el nivel de vida) simplemente no se cumplieron. Por el contrario, la población de México ha vivido un proceso de empobrecimiento acelerado y su economía estaba al borde del colapso. El Estado, paralelo a ello, se había debilitado al disminuir su participación en la economía, colocándose en una situación de inferioridad frente a las otras naciones y los agentes privados.

De hecho, durante el periodo de 1983 a 2018 solo se crearon alrededor de 14.7 millones de empleos formales, es decir, alrededor de la tercera parte de los empleos formales que debieron haberse creado para satisfacer los requerimientos de empleo digno de las nuevas generaciones. Como contraparte, de acuerdo con la Encuesta de Ocupación y Empleo del INEGI, del cuarto trimestre de 2018, 32 millones de mexicanos, que representan 56.6% de la población económicamente activa, se ubican en el empleo informal, caracterizado por su precariedad, sus bajas retribuciones y su carencia de prestaciones, incluida la seguridad social.

Desde luego, la precarización laboral y la desesperanza del desempleo encubierto, han ocurrido a pesar de la válvula de escape de la emigración de trabajadores mexicanos al extranjero: de acuerdo con el Consejo Nacional de Población, durante el periodo de 1983 a 2018 el saldo migratorio de nuestro país fue negativo en 10 940 562 personas, 303 904 por año.

· En lo social

La pobreza y la desigualdad. El crecimiento poblacional tiene como consecuencia que haya más pobres ahora que hace 10 años: 49.5 millones en 2008 y 52.4 millones en 2018. Esta situación contrasta con lo que sucedió en Brasil entre 2000 y 2014, cuando 30 millones de individuos salieron de la pobreza, y lo que ha logrado China en los últimos 30 años, sacar de la pobreza a más de 200 millones de personas.

Un modelo económico es resultado de un pacto sociopolítico. En el caso de México este compromiso se produce entre el Estado, las compañías multinacionales, los grandes grupos económicos nacionales, el capital financiero y parte de la clase media que se beneficia del modelo. Los sectores populares están excluidos del compromiso, dado que la sociedad civil (sindicatos, organizaciones sociales) es débil, está poco organizada y no es muy representativa, el sistema político y la estructura estatal están poco abiertos a sus demandas.

Como resultado, el Estado mexicano carece de suficiente autonomía con respecto a los grupos dominantes y de ahí se deriva una estructura económica oligopólica y un entramado político oligárquico. Este compromiso margina a las empresas y a la población que viven del mercado interno, así como a los trabajadores informales y a los pobres (Foro Internacional, 2020).

1.2. Los brotes de resistencia a la política neoliberal desde 1982 a la fecha

El neoliberalismo es un conjunto de políticas económicas con componentes políticos, ideológicos y culturales. Comprender estos componentes nos permite precisar mejor las condiciones y el contexto que llevan a las luchas colectivas contra el neoliberalismo. (Almeida y Pérez, 2023).

A). Los movimientos magisteriales, una larga historia de luchas sociales.

Un ejemplo de resistencia y lucha por las libertades democráticas son sin duda las encabezadas por el magisterio en México. Gran reconocimiento para los profesores Genaro Vázquez y Lucio Cabañas por su enorme entrega hacia los intereses de obreros y campesinos allá por los años 70 y 80 del siglo pasado en la sierra de Guerrero.

Fundación de la Coordinadora Nacional de Trabajadores de la Educación (CNTE)

En la primera mitad de los años 70, México vivía un importante boom, lo que permitió dar concesiones a los profesores, facilitando la consolidación de Carlos Jonguitud Barrios en la dirigencia sindical. Este nefasto personaje tomó las riendas del sindicato con un golpe de Estado dentro de la organización, su agrupación llamada Vanguardia Revolucionaria, fue el principal instrumento de sometimiento de la base magisterial.

En la segunda mitad de esa década, la crisis económica se tradujo en ataques y un deterioro de los niveles de vida de los trabajadores de la educación. En diversos Estados, sobre todo los más pobres del país (Guerrero, Chiapas,

Michoacán, Oaxaca, Morelos, Estado de México), surgieron diversos movimientos magisteriales.

Estas protestas confluyeron en la Primera Asamblea Nacional de Trabajadores de la Educación y Organizaciones Democráticas del Sindicato Nacional de Trabajadores de la Educación (SNTE), realizada en la capital chiapaneca los días 17 y 18 de diciembre de 1979. En ese Estado del sureste en abril-junio y septiembre-octubre, los maestros de la sección VII desarrollaron intensas protestas. Esta reunión en realidad fue la asamblea fundacional de la Coordinadora Nacional de Trabajadores de la Educación (CNTE).

El 31 de enero de 1981 fue asesinado Misael Núñez Acosta, el principal dirigente de la CNTE en el Estado de México, a cargo de matones de la entonces dirigente charra de la sección XXXVI, Elba Esther Gordillo quien años después, apoyada por Salinas de Gortari, realizaría un golpe contra Jonguitud Barrios para apoderarse del SNTE (Márquez, 2023).

Ante la brutal política económica implementada por los gobiernos neoliberales desde 1982, los trabajadores de la educación han llevado acciones de resistencia, básicamente en contra del bajo presupuesto a la educación, bajos salarios a los trabajadores, democracia sindical y la defensa de la educación pública y gratuita.

Tras la aprobación de la reforma laboral en noviembre de 2012, con el regreso del PRI al poder, la ofensiva contra la clase trabajadora tomó forma en el Pacto por México, un reaccionario acuerdo entre los principales partidos del Congreso (PAN, PRI, PRD) para descargar la crisis económica (mediante una serie de reformas estructurales) sobre las espaldas de los trabajadores, que contemplaba entre sus primeros objetivos a la educación pública y a su principal defensor: el magisterio.

En consecuencia, y respondiendo a las "recomendaciones" de la OCDE y a las exigencias de organizaciones empresariales como Mexicanos Primero, pero también como parte de la ofensiva neoliberal de los años previos sobre el sector, menos de 3 meses después de asumir la presidencia Peña Nieto promulgó la reforma educativa. En ese periodo se extendieron las protestas de los trabajadores de la educación en gran parte de los Estados de la república mexicana, principalmente en las secciones sindicales más combativas del centro y sureste del país.

B). El levantamiento zapatista

Este levantamiento armado ocurrió en 1994 inesperadamente debido a causas muy profundas. Se enraízan en las desigualdades y en las opresiones que sufren los pueblos indígenas en México desde hace mucho tiempo.

El primero de enero de 1994 entró en vigor el Tratado de Libre Comercio con América del Norte, apuesta fundamental para entrar a "la modernidad", según el presidente Carlos Salinas. Justamente ese día amanecieron tomadas distintas cabeceras municipales del Estado de Chiapas por indígenas encapuchados o cubiertos sus rostros con paliacates.

Para sorpresa de México y el mundo, declararon la guerra al ejército federal y proclamaron la necesidad de una transformación radical de la sociedad mexicana. El levantamiento había sido preparado desde hace mucho tiempo y la organización del EZLN, tenía al menos 10 años de estarse conformando en la Selva Lacandona, señala Alejandro Peña García, Doctor en Ciencias Políticas y Sociales por la UNAM.

Agrega el catedrático que la guerra duró escasos 12 días y después, por presión de la sociedad civil mexicana, se impulsó la vía del diálogo en San Cristóbal de las Casas. En marzo se desarrollaron los diálogos con el Gobierno Federal y tuvieron resultados. Sin embargo, por cuestiones políticas (ese mismo año se celebraban elecciones presidenciales), todo se empezó a tergiversar, de tal manera que el diálogo no llegó a los acuerdos fundamentales.

A partir de allí se inició una larga historia de enfrentamiento político del EZLN para cumplir sus demandas: una transformación radical de la sociedad, demandas muy básicas como educación, trabajo, salud, vivienda, y en última instancia, una petición fundamental: queremos vivir (Mendoza, 2018).

Justo el mismo año del levantamiento zapatista el 1 de enero de 1994, el 23 de marzo sucede el asesinato de Luis Donaldo Colosio candidato del PRI a la presidencia de la república. Dos días después, en medio del luto nacional, se anuncia por parte del presidente de la república Carlos Salinas el ingreso de México a la Organización para el Crecimiento y Desarrollo Económicos (OCDE). Esto como parte de la estrategia de hacerle saber a México y al mundo que, a pesar de los problemas internos, el país entraría a la "modernidad" y estaría a la altura de las potencias económicas del mundo (Orgambides, 1994).

C). Las luchas de los normalistas de Ayotzinapa

El 26 de septiembre de 2014, en Iguala de la Independencia, Estado de Guerrero, un grupo de estudiantes de la Escuela Normal Rural "Raúl Isidro Burgos" fueron emboscados, reprimidos y perseguidos con armas de fuego por fuerzas policiales.

El saldo de esta represión, que también afectó a un micro que transportaba un equipo de fútbol juvenil y a un taxi que circulaba por el lugar, fue de 6 muertos, más de 40 detenidos y 43 estudiantes desaparecidos. Fue una masacre que tiene como contexto el accionar cómplice de políticos, policías municipales, ejército, marina, traficantes de personas y narcotraficantes que actuaron confiando en la impunidad con que suelen contar en México.

A casi 10 años de los asesinatos y la desaparición de los 43 estudiantes de Ayotzinapa, se sigue sin saber la verdad sobre lo ocurrido la noche del 26 de septiembre de 2014 y el destino de los estudiantes desaparecidos. Los padres de familia y familiares de los estudiantes desaparecidos, desde que sucedió ese lamentable incidente, no han dejado de manifestarse públicamente para exigir que se aclare lo que realmente sucedió con los alumnos normalistas.

El 27 de septiembre de 2023 el subsecretario de Derechos Humanos, Población y Migración, Alejandro Encinas, dijo que, en el caso de la desaparición de los normalistas de Ayotzinapa, tienen 132 detenidos de los cuales 41 son integrantes del grupo delincuencial "Guerreros Unidos" y 71 son policías de distintas corporaciones. Está detenido el exprocurador general de la República Jesús Murillo Karam, el extitular de la Unidad Especializada en Materia de

Delitos contra el Secuestro, una exministerio federal que fue la que dio cuenta de manera simultánea de los hechos jurídicos al mismo tiempo: uno en Guerrero y otro en la Ciudad de México, que fue la base de crear "la verdad histórica".

Están detenidos también, el exsecretario de Seguridad Pública de Guerrero, el expresidente municipal de Iguala, la expresidenta del DIF en Iguala, 14 elementos de la Secretaría de la Defensa Nacional, entre ellos los generales que son los excomandantes del 27 y 41 batallón de Infantería en Guerrero, comentó Encinas (Wachauf, 2023).

El Grupo Interdisciplinario de Expertos Independientes (GIEI), concluyó en agosto del 2023, que fueron los tres niveles de gobierno, junto con grupos del crimen organizado, los que participaron en la desaparición forzada de los estudiantes normalistas (Esparza, 2023). Pese a lo anterior, los titulares del ejecutivo estatal y federal de ese tiempo, no han sido llamados a declarar sobre los hechos, ya que fueron ellos quienes avalaron la llamada "verdad histórica". Es decir, estamos frente a un crimen de Estado que tiene aún mucho que investigarse para que el caso no quede impune.

Estos hechos, no son una cuestión aislada. México viene soportando desde hace años una situación de extrema violencia que ha provocado 120 mil muertos y 50 mil desaparecidos, desde que se firmó el Tratado de Libre Comercio (TLC) con Estados Unidos en 1994, como parte de la política económica neoliberal.

Desde hace varios años, para contrarrestar las políticas de los gobiernos neoliberales, muchas instituciones educativo-culturales, han tenido que adoptar medidas de sobrevivencia, mientras otras han sucumbido a las políticas derechistas con el recorte a la educación y a los servicios sociales.

Muchas instituciones educativas como las escuelas normales rurales, han sufrido la aplicación de estas políticas neoliberales y han realizado acciones de resistencia contra este tipo de medidas. El gobierno mexicano en lugar de darle solución a las demandas de más apoyos gubernamentales, les ha respondido con represión, encarcelamiento y asesinatos a los jóvenes valientes, que se han atrevido a protestar para hacer valer el derecho consagrado en la constitución política mexicana: a tener una educación gratuita por igual en todos los niveles educativos.

Solo en el gobierno de Peña Nieto se cometieron más de 65 mil asesinatos, más de 10 mil desapariciones forzadas y hay miles de denuncias por tortura, lo cual evidencia el sistemático uso por parte del Estado y de las organizaciones criminales, de estas metodologías represivas para intentar sostener sus privilegios y reprimir la protesta social y la larga historia de luchas del pueblo mexicano (Rodríguez, 2018).

D). El campo no aguanta, el campo se levanta

Podemos destacar como uno de los movimientos campesinos más importantes en la última década en el país, el caso del "Movimiento El Campo No Aguanta Más" (MECNAM). Cuando se pensaba que los movimientos campesinos eran cosa del pasado, el MECNAM irrumpe en la escena, unificando a diversas organizaciones campesinas, para alzar su voz en contra del desfondamiento y abandono del campo mexicano.

El movimiento inicia en noviembre del 2002 cuando doce organizaciones campesinas, (AMUCSS, ANEC, CCC, CEPCO, CIOAC, CNOC, CNPA, CODUC, FDCCh, Red Mocaf, Unofoc y UNORCA) lanzan una serie de propuestas para la salvación del campo. De entre ellas, destacaban la moratoria al capítulo agropecuario del TLCAN y una nueva política rural, pero incluían también más presupuesto y apoyos al campo.

Respecto al TLCAN, la inconformidad surge por las implicaciones para el campo mexicano que este tratado implica. Por un lado, abre la puerta a la importación de productos agrícolas que se producen en México (ejemplo maíz y frijol), y en la que los pequeños productores mexicanos, no pueden competir contra la producción extranjera, por ejemplo, la de Estados Unidos que tiene una actividad agrícola más avanzada y con fuertes subsidios y protección del Estado.

A la fecha, el campo mexicano sigue en crisis, las demandas que levantó este movimiento siguen vigentes y desde el MECNAM, no ha habido un movimiento campesino que agrupe a las diversas organizaciones campesinas y otros sectores, y que tenga esa fuerza. Sin embargo, como parte de luchas relacionadas con el tema agropecuario, también ha estado presente la lucha en contra de la aprobación de cultivos de maíz transgénico en el país y contra Monsanto (México es centro de origen y diversificación del maíz).

Esta lucha que en cierta medida tiene un fuerte componente campesino e indígena, junto con otros sectores como los ecologistas y las organizaciones no gubernamentales, aunque han tenido una menor articulación y desarrollo (Mora, 2014).

- El gobierno de la 4T en su lucha contra los transgénicos

Actualmente el gobierno progresista de México libra una lucha al prohibir la importación de Estados Unidos del maíz transgénico para el consumo humano y de siembra. Esto tras comprobarse lo dañino de los agroquímicos utilizados por la empresa Monsanto, además por la afectación que sufren los productos agrícolas nativos originarios que se cultivan en México (Gurrola, 2022).

Los 10 millones de toneladas que se importan anualmente desde EE. UU deben usarse solo para alimento de ganado o insumos industriales altamente procesados, consideró Elena Álvarez, académica de la UNAM. Sin embargo, afirma la académica, que el 90.4 % de las tortillas que se consumen en México, contienen secuencias de maíz transgénico, así como el 82 % de las tostadas, harinas, cereales y botanas de este grano (UNAM, 2017).

A lo largo de su Administración, el Gobierno de López Obrador ha ido cambiando su postura sobre el maíz transgénico. En diciembre en 2020, el Ejecutivo emitió un decreto en el que fijaba el 31 de enero de 2024, como la fecha límite para la utilización del glifosato y vislumbraba en esta fecha la sustitución total del grano de maíz genéticamente modificado; sin embargo, ante el reclamo de productores de ambos lados de la frontera, meses más tarde, las autoridades federales anunciaron que se extendería este plazo hasta el 2025 (Suárez, 2023).

E). Movimientos en contra de la explotación minera

El Observatorio de Conflictos Mineros de América Latina, identifica 32 conflictos en México, relacionados con la minería y el saqueo de recursos mineros, por parte de las empresas trasnacionales en su mayoría canadienses y estadounidenses. En gran parte de estos conflictos, vemos a empresas trasnacionales respaldadas por el Estado, afectando a las poblaciones en su mayoría rurales o indígenas. Mencionaremos un ejemplo:

La defensa de Wirikuta es un conflicto que inició en julio de 2010, con el objetivo de defender un territorio sagrado reconocido por la UNESCO, frente a la entrada de diversas empresas mineras. Una gran parte de este territorio, ubicado en San Luis Potosí, estaba concesionado a las empresas mineras First Majestic Silver Corp., Revolution Resources Corp., Quality Minerals y US Antimony de México. Sin embargo, en febrero del 2012 se logró la suspensión de toda acción que llevara a la exploración o explotación de las concesiones otorgadas a First Majestic y en septiembre del 2013 se amplió la suspensión para salvaguardar todo Wirikuta.

Los protagonistas del conflicto son los huicholes o wixárika, que, aunque no habitan la zona afectada por la actividad minera, esta es considerada por ellos como parte de su territorio, ya que, en su cosmovisión, Wirikuta es un lugar sagrado al cual hacen peregrinaciones anuales y donde llevan a cabo diferentes ritos. De esta forma, una de sus reivindicaciones exige su "derecho a lo sagrado" (Mora, 2014).

1.3. El Neocardenismo (1988-2000) contra el Neoliberalismo

El Neocardenismo que se da a finales de los años 80, trata de un movimiento nuevo, "renovado", que toma como base las demandas de los años treinta y las implanta en una nueva forma de manifestación política y civil, que está plenamente enlazado con la figura del Ing. Cuauhtémoc Cárdenas.

La desastrosa política económica que se inició en 1982 generó grandes descontentos. La oposición creció y los conflictos sociales arreciaron.

Al término del sexenio de Miguel de la Madrid, en las elecciones presidenciales de 1988, el PRI presentó como candidato a Carlos Salinas de Gortari, que había sido uno de los artífices de la aplicación del neoliberalismo.

La principal fuerza opositora el recién creado Frente Democrático Nacional, postuló a Cuauhtémoc Cárdenas, exmiembro del PRI e hijo de Lázaro Cárdenas, el presidente más nacionalista y querido de México. En estas elecciones se manifestó el repudio a la política económica implementada desde el anterior sexenio.

Esas elecciones al parecer, las ganó Cuauhtémoc Cárdenas. Sin embargo, la gran maquinaria electoral del gobierno fue echada a andar, tras argumentar que hubo un error técnico y la caída del sistema de cómputo de los sufragios, que se estaba trabajando con la Secretaría Técnica para corregirlo. Pero los resultados no llegaron hasta una semana después. De esta forma se perpetró un fraude en favor de Carlos Salinas de Gortari, a quien se le reconoció el 50.46% de los votos, contra 31.12% de Cuauhtémoc Cárdenas.

Con su ascenso, Salinas de Gortari instrumentó una política de acoso hacia el PRD y la prensa independiente, cuyos resultados fueron más de 350 perredistas y alrededor de 50 periodistas asesinados. También asesinaron a dirigentes del propio Partido Revolucionario Institucional que disentían de las decisiones de las cúpulas del poder de Salinas de Gortari y su Partido, además de líderes y dirigentes de asociaciones defensoras de los derechos humanos de la sociedad civil.

En marzo y septiembre de 1994 sucedieron los asesinatos de Luis Donaldo Colosio candidato a la presidencia de la república y del quien fuera secretario del PRI nacional Mario Ruiz Massieu. Estos crímenes hasta la fecha no han sido totalmente esclarecidos.

De manera paralela, acabó poco a poco con el poder de los sindicatos por la vía de la eliminación del derecho de huelga, violación sistemática del derecho laboral, defensa a ultranza de los intereses empresariales, persecución de dirigentes independientes y despidos masivos. En tan solo seis años, Carlos Salinas de Gortari prácticamente regaló las empresas estatales a sus amigos y simpatizantes, convirtiendo a 23 de ellos en los hombres más ricos de México e ingresando todos a la lista de los 100 más ricos del mundo.

A pesar de lo anterior y por una estrategia publicitaria, Carlos Salinas de Gortari se presentaba ante México y el mundo como el gran reformador y demócrata. Dicha estrategia tuvo éxito, al punto de que el propio gobierno norteamericano la elogiaba sin límite y, en muchas ocasiones, era tratado como líder por sus homólogos de América Latina.

El Ingeniero Cuauhtémoc Cárdenas firme opositor a la política económica de Carlos Salinas, recorrió en el año 1989 todo el país para fundar el Partido de la Revolución Democrática y para informar cómo el Estado instrumentó el fraude electoral en 1988, a la vez se advertía sobre los resultados desastrosos que tendría la política neoliberal para los campesinos, las empresas nacionales y las clases populares.

A partir de esta agrupación política, fue posible postular y dar voz a líderes y políticos de izquierda, además de encauzar y canalizar múltiples demandas sociales. A través de la plataforma de este Partido político, Cuauhtémoc Cárdenas volvió a ser candidato presidencial en las elecciones de 1994 y 2000 respectivamente, recorriendo una y otra vez todos los rincones de la república mexicana.

En los viajes por el país se promulgó por una política económica que protegiera los derechos de los campesinos y sobre todo los bienes de la nación, que para ese tiempo ya muchas empresas paraestatales habían sido entregadas a empresas trasnacionales y prestanombres de empresarios y políticos mexicanos. Constantemente en sus recorridos lanzaba la advertencia de que el Estado no debía concesionar los recursos petrolíferos porque estaba en juego la soberanía de la nación.

En 1997, resultó ganador como gobernador del Distrito Federal que gobernó de 1997 a 1999. Cárdenas fungió como Jefe de Gobierno, iniciando una tradición de gobiernos de izquierda en la entidad que permanecen hasta la fecha (2023) con el Partido Movimiento de Regeneración Nacional (MORENA).

En un evento de la feria del libro en el 2018 realizado en Chihuahua el Ing. Cárdenas manifestó, que el próximo gobierno federal de Andrés Manuel López Obrador, deberá convertir la demanda de cambio expresada en las urnas en un cambio de modelo económico.

Declaró que si López Obrador quiere ir al fondo y generar mayor equidad y desarrollo, tiene que revertir el modelo neoliberal, que nos convirtió en un país fundamentalmente maquilador, y aplicar políticas que recuperen la rectoría del Estado sobre el sector energético para llegar a la eventual abrogación de la reforma energética, además señaló que se nos ha impuesto desde fuera la maquila como único modelo de desarrollo, no hay cadenas productivas ni desarrollo industrial, y se han desarrollado industrias como la automotriz y aeronáutica; pero solo son grandes maquiladoras (Estrada, 2018).

Grande ha sido el aporte que el ingeniero Cárdenas ha dado para las luchas del pueblo de México en lo social y político-electoral, sin su contribución jamás se hubiese pensado en acabar con la dictadura de Estado que vivió el país por casi un siglo, en manos del conservadurismo representado por políticos y empresarios corruptos del PRI y el PAN.

1.4. El Obradorismo y su apoyo a las luchas sociales (1988-2018)

Andrés Manuel López Obrador fue uno de los fundadores del Frente Democrático Nacional en 1988 junto con el Ing. Cuauhtémoc Cárdenas, Ifigenia Martínez, Porfirio Muñoz Ledo, el Ing. Heberto Castillo, entre muchos más.

El Éxodo por la Democracia

En 1991 se llevaron a cabo las elecciones intermedias en todo el país. En Tabasco hubo una serie de protestas por el fraude electoral que se cometió en varios municipios en contra del Partido de la Revolución Democrática y culminó con el denominado "Éxodo por la democracia". Este movimiento fue encabezado por López Obrador con un recorrido que inició el 25 de noviembre de 1991 en Villahermosa, y llegaron a la capital del país el 11 de enero de 1992; al principio eran sólo algunos líderes locales, pero se fueron sumando personas, particularmente veracruzanos, reuniéndose alrededor de 40 mil simpatizantes en la Ciudad de México.

Fernando Gutiérrez Barrios, quien era secretario de gobernación en aquel entonces, y encargado de organizar las elecciones, recibió a López Obrador logrando un acuerdo en el que el PRD encabezó tres Consejos municipales, luego de anularse las elecciones: en Cárdenas, Nacajuca y Macuspana (Eh, s/f).

De 1996 a 1999 fue presidente del entonces izquierdista Partido de la Revolución Democrática (PRD). Fue a partir de ahí que se dio a conocer en casi todos los Estados de la república mexicana y donde los militantes de izquierda conocieron acerca de los ideales del político y luchador social. Desde ahí mostró su postura crítica e inició su lucha a nivel nacional en contra del neoliberalismo y lo nefasto que resulta ese tipo de políticas económicas para las naciones subdesarrolladas como México y la mayoría de los países latinoamericanos.

Fue en su periodo como Jefe de Gobierno del Distrito Federal (2000-2005), cuando la entidad se convirtió en la primera administración pública del país, incluido el gobierno federal, en dar pasos firmes en términos de transparencia en los recursos públicos, declaraciones patrimoniales, nóminas, etc.

Otro hecho particular en su gestión como Jefe de Gobierno de la ciudad de México es que, cada dos años sometió a la voluntad popular su permanencia en el cargo, es decir, que por iniciativa propia y aun cuando no estaba regulado en la ley, preguntó al pueblo si debía o no continuar en el cargo, lo cual tampoco ha hecho ningún otro gobernante de México. Esto en base al principio constitucional de que el pueblo tiene en todo momento el derecho a elegir a sus representantes y de que un gobierno sin respaldo de la gente se convierte en una carga; es decir, esa es la manifestación de la democracia participativa.

Como Jefe de Gobierno del Distrito Federal, Andrés Manuel López Obrador define como su prioridad la atención a la población más pobre y vulnerable, además de que cumplió los 40 compromisos asumidos durante su campaña política e incluso realizó más acciones de las planteadas originalmente.

Con la convicción de que "Por el bien de todos, primero los pobres", promueve nuevos derechos sociales en el Distrito Federal, algunos de los cuales logra elevar a rango de ley con la aprobación de la Asamblea Legislativa, como el caso de la Pensión Universal Alimenticia para Adultos Mayores, la entrega de útiles gratuitos a los alumnos de instrucción básica, inscritos en escuelas públicas de la capital y el Programa de Apoyo a Personas con Discapacidad.

Estos beneficios sociales que Andrés Manuel López Obrador impulsó en el Distrito Federal (que incluían apoyos para desempleados, productores rurales y microempresarios, entre otros muchos), pronto comenzaron a ser reconocidos y demandados por la gente en el resto del país, de tal forma que en muchas zonas de México ya se llevaban a cabo acciones similares a las realizadas en la capital de la república.

De igual modo, durante su gestión la Ciudad de México se sitúa como primer lugar nacional en construcción de obra pública, capta la mayor parte de la inversión extranjera en el país y se convierte en la capital de los acontecimientos artísticos, culturales, deportivos y religiosos.

También impulsa con fuerza el combate a la corrupción. Un caso emblemático fue su negativa a pagar mil 810 millones de pesos a un particular que reclamaba una indemnización por un predio denominado Paraje San Juan, toda vez que este caso, que ya era "cosa juzgada", presentaba notorias evidencias de corrupción, tráfico de influencias y conflicto de intereses entre legisladores y jueces.

Todas estas cifras que lo convierten en el político y gobernante más popular del país y entre los más destacados del mundo, provocan que se desencadene una serie de ataques contra el Gobierno del Distrito Federal, que se extiende durante varios meses, se agudiza en 2004 y desemboca con el desafuero el 7 de abril de 2005, acusado de haber incumplido un ordenamiento judicial y por querer construir un camino que comunicara a un hospital.

Con ese motivo, el entonces Jefe de Gobierno se separa del cargo y se pone a disposición del juez para demostrar que no cometió ningún delito. Sin embargo, ante la sospechosa tardanza en la consignación de su expediente, regresa a la Jefatura de Gobierno el 25 de abril de ese mismo año.

Tres días después, el 28 de abril, en mensaje a la nación, el presidente de la república anuncia una salida política al caso de López Obrador y días después se define que la Procuraduría General de la República (PGR), no ejercerá acción penal contra el mandatario capitalino (Gobierno de México, s/f).

Su forma de ser y ejercicio público se basa en lo mejor de la historia de México y en los dirigentes más notables del país, como José María Morelos y Pavón (que quería que se moderara la indigencia y hubiera igualdad), Benito Juárez (que sentó las bases de la república moderna y logró una segunda independencia para México), Francisco I. Madero (que fue un demócrata sincero) y Lázaro Cárdenas del Río (que recuperó recursos naturales, como el petróleo, para el país y a quien López Obrador considera el mejor Presidente del siglo XX).

En este contexto, Andrés Manuel López Obrador es considerado el segundo mejor alcalde del mundo en el año

2004, según los resultados de la Encuesta City Mayors en la cual hubo 400 nominados, incluidos los gobernantes de Roma, Estocolmo, Copenhague, Turín, Atenas, Hiroshima, Baltimore y París.

En el 2006 en la elección presidencial, la oligarquía de la derecha mexicana y su perversa alianza del PRI-PAN, con toda la maquinaria del Estado, perpetraron el más vergonzoso fraude electoral en contra del pueblo de México y del candidato Andrés Manuel López Obrador, con la complicidad de la entonces líder sindical Elba Esther Gordillo, para imponer a Felipe Calderón a la presidencia de la república (Contralínea, 2023). Fue precisamente esta líder sindical, quien desde la época de Salinas (1988) puso el sindicato magisterial al servicio del gobierno.

Luego de dar los resultados la autoridad electoral de la elección del 2 de julio del 2006, Andrés Manuel López Obrador convocó a los mexicanos a manifestarse por el fraude con la toma de la Avenida Reforma de la ciudad de México. En esas protestas que duraron varios días, se informó al pueblo de México la manera como se orquestó desde el gobierno de Vicente Fox la elección de Estado a favor de Felipe Calderón. Se fabricaron delitos, utilizaron guerra sucia, usaron dinero público en las campañas, rebasaron topes de campaña y un sinnúmero de irregularidades que fueron debidamente documentadas ante las autoridades electorales.

1.5. Las 18 dictaduras más sangrientas latinoamericanas y su relación con los gobiernos de Norteamérica (Anexo I)

Se considera una dictadura a un sistema de gobierno en el que no se respetan las libertades y derechos democráticos más básicos y en el que todo el poder se reúne en una o varias personas. Estos gobiernos toman el poder por el uso de la violencia (repentina como con un golpe de Estado o prolongada como una guerra) o por la vía no violenta (a través de unas elecciones tras las cuales se desmantela el propio sistema) y de ella suelen derivar escenarios de falta de libertades, represión, abusos de poder y crímenes de lesa humanidad, cuyo fin siempre acaba siendo perpetuar el propio régimen.

En la segunda mitad del siglo XX, América Latina vivió una época convulsa en la que casi todos sus países tuvieron que pasar por una o varias dictaduras de distinto corte ideológico.

La proliferación de este autoritarismo se debió en gran medida a "La Guerra Fría", conflicto indirecto en el que Estados Unidos veía a los países latinoamericanos como su "jardín de atrás" y no quería correr el riesgo de que en ellos se establecieran gobiernos de corte socialista (como pasó en Cuba en 1959). Desde los 50 hasta los 80, la CIA y las distintas administraciones estadounidenses, se encargaron de apoyar y sufragar los golpes de Estado y levantamientos militares por toda América Latina, sin importar que ello supusiera instaurar una brutal dictadura que costaría la vida a miles de personas.

La Operación Cóndor. Las dictaduras sudamericanas se coordinaron en los años setenta a través de la Operación Cóndor para reprimir opositores bajo el pretexto de luchar contra la subversión y el comunismo. El descubrimiento del plan en las décadas siguientes apuntó al apoyo de Estados Unidos (García, 2023).

Los principales dictadores del autoritarismo latinoamericano en el siglo XX; aquellos que excedieron sus competencias y obligaciones, llevando a sus respectivos países a épocas de miseria, terror y muerte fueron:

1.5.1. Jorge Rafael Videla (Argentina)

Fue un militar argentino que llegó al poder por medio de un golpe de Estado en 1976 y que durante cinco años comandó una sanguinaria dictadura, que produjo decenas de miles de torturas y muchas de las 30 mil desapariciones reportadas en la dictadura argentina… (Continuar leyendo en Anexos).

1.5.2. Hugo Banzer (Bolivia)

Banzer subió al poder en 1971 con un golpe de Estado contra Juan José Torres, que a su vez había obtenido el cargo durante un levantamiento contra el también dictador Alfredo Ovando Candía. Torres hizo que Banzer se ganara el apoyo de Estados Unidos durante su tiempo como dictador, en el cual protagonizó una férrea política anticomunista y una postura muy activa en el llamado Plan Cóndor… (Continuar leyendo en Anexos).

1.5.3. Joao Baptista Figueiredo (Brasil)

Fue el último dictador de la llamada Quinta República de Brasil. Un grupo de militares tomaron el poder en 1964 al destituir al entonces presidente elegido democráticamente João Belchior Marques Goulart, al considerar que sus políticas eran demasiado cercanas a las de la URSS... (Continuar leyendo en Anexos).

1.5.4. Augusto Pinochet (Chile)

El dictador chileno es uno de los más conocidos de toda América Latina. Encabezó el golpe de Estado de 1973 contra Salvador Allende y promovió un durísimo régimen militar en el que las desapariciones y los asesinatos sumarios fueron los verdaderos protagonistas... (Continuar leyendo en Anexos).

1.5.5. Gustavo Rojas Pinilla (Colombia)

Rojas Pinilla se hizo del poder en Colombia en 1953, tras echar de su cargo al líder conservador Laureano Gómez en un golpe de Estado no sangriento y en el que Rojas Pinilla era respaldado tanto por el ejército como por la élite política… (Continuar leyendo en Anexos).

1.5.6. Fulgencio Batista (Cuba)

Batista fue elegido presidente de Cuba en las elecciones democráticas de 1940 y hasta 1944, mandato en el cual apoyó a los Aliados durante la Segunda Guerra Mundial. Cuando volvió a presentarse como candidato en 1952, las encuestas le pronosticaban una derrota segura, por lo que Batista decidió romper el orden constitucional… (Continuar leyendo en Anexos).

1.5.7. Guillermo Rodríguez Lara (Ecuador)

El presidente Velasco Ibarra nombró comandante general del Ejército a Guillermo Rodríguez Lara en 1971, tras un fallido levantamiento militar. Desde esa nueva posición y solo un año después, Lara organizó otro levantamiento junto a los altos mandos de los tres ejércitos y se colocó como líder de la nación… (Continuar leyendo en Anexos).

1.5. 8. Carlos Castillo Armas (Guatemala)

El militar de carrera fue la cara visible del golpe de Estado de 1954, un levantamiento contra el gobierno democráticamente elegido de Jacobo Árbenz que fue completamente planeado y llevado a cabo por la CIA, para defender los intereses económicos estadounidenses en su país… (Continuar leyendo en Anexos).

1.5.9. François Duvalier (Haití)

Conocido popularmente como 'Papa Doc.', François Duvalier empezó su carrera política siendo un personaje muy popular, hasta el punto de que ganó las elecciones de 1957. Al año siguiente suspendió todas las garantías constitucionales y se erigió como un cruel y represivo dictador, nombrándose presidente vitalicio en 1964… (Continuar leyendo en Anexos).

1.5.10. Tiburcio Carías Andino (Honduras)

Abogado y catedrático además de militar, Tiburcio Carías Andino ganó las elecciones en 1923, pero no llegó a gobernar debido a un golpe de Estado… (Continuar leyendo en Anexos).

1.5.11. Familia Somoza (Nicaragua)

Anastasio Somoza, patriarca de la familia y responsable de la muerte del revolucionario Augusto César Sandino, tomó el poder en 1937 e instauró en Nicaragua una dictadura de corte militar sometida a los intereses de los Estados Unidos y que sometió al país al terror de su brazo armado, la Guardia Nacional… (Continuar leyendo en anexos).

1.5.12. Manuel Antonio Noriega (Panamá)

Noriega es un ejemplo de dictador caótico. Se hizo del poder en 1983 siguiendo órdenes de la CIA y en sus años como líder del país sumió a Panamá en una espiral de corruptelas, violencia y crisis económica, mientras él se relacionaba con el Cartel de Medellín y se involucró cada vez más en el tráfico de drogas y armas… (Continuar leyendo en Anexos).

1.5.13. Alfredo Stroessner (Paraguay)

En 1954 depuso al presidente Federico Chávez e instauró un gobierno dictatorial anticomunista y estrechamente ligado a los intereses de Estados Unidos... (Continuar leyendo en Anexos).

1.5.14. Juan Velasco Alvarado (Perú)

Comandó el golpe de Estado que derrocó al presidente legítimo Fernando Belaúnde Terry en 1968 y protagonizó unos primeros años de durísima represión, seguidos por una mala situación económica y un rechazo general de la sociedad... (Continuar leyendo en Anexos).

1.5.15. Alberto Fujimori (Perú)

Este peruano-japonés ganó las elecciones en 1990, pero en 1992 dio un autogolpe de Estado con el apoyo de las fuerzas armadas y asumió todas las competencias, disolviendo el congreso e interviniendo el poder judicial... (Continuar leyendo en Anexos).

1.5.16. Rafael Leónidas Trujillo (República Dominicana)

Responsable (según las autoridades) de unas 50 mil muertes, el dictador Trujillo gobernó República Dominicana desde 1930 y su gobierno se extendió por 31 años, tras quitarse de en medio al presidente Horacio Vázquez… (Continuar leyendo en Anexos).

1.5.17. Juan María Bordaberry (Uruguay)

Bordaberry fue elegido presidente en 1971 y, dos años después, decidió aliarse con un grupo de altos cargos militares para dar un golpe de Estado e instaurar una dictadura en la que él sería presidente, pero mandaría el ejército. Fue destituido en 1976 por Alberto Demochelli y este, a su vez, por Aparicio Méndez… (Seguir leyendo en Anexos).

1.5.18. Marcos Pérez Jiménez (Venezuela)

Cabecilla del derrocamiento del socialdemócrata Rómulo Gallegos en 1948, Marcos Pérez Jiménez y sus aliados constituyeron una Junta Militar de la que, debido al asesinato de un candidato y a la imposición por la fuerza, él mismo acabó al frente en noviembre de 1952 (Delgado, 2020) … (Seguir leyendo en Anexos).

1.6. Los gobiernos de izquierda en Latinoamérica (Anexo II)

1.6.1. La Izquierda en Cuba

La victoria de la revolución cubana tuvo más influencia en América Latina que la victoria de la revolución rusa en Europa. Esto se explica porque las condiciones de la Rusia

Zarista eran muy diferentes a las de la región occidental de Europa, y en América Latina las diferencias entre Cuba y los otros países del continente eran menores... (Seguir leyendo en Anexos).

1.6.2. La Izquierda en Venezuela

El primer gobierno de Hugo Chávez se inicia tras las elecciones presidenciales de 1998 en las que resultó ganador. Chávez asumió el poder el dos de febrero de 1999. Después del acto en el Capitolio Federal, sede del Congreso de la República se dirigió al Palacio de Miraflores acompañado por un grupo de simpatizantes... (Seguir leyendo en Anexos).

1.6.3. La Izquierda en Nicaragua

Los Hijos de Sandino Contra los de Somoza

La revolución sandinista de 1979 tomó su nombre del movimiento guerrillero que lideró la lucha armada en contra del gobierno de la época, el Frente Sandinista de Liberación Nacional (FSLN)... (Seguir leyendo en Anexos).

1.6.4. La Izquierda en Brasil.

El domingo 27 de octubre de 2002, Lula fue elegido presidente derrotando al delfín de Cardoso, José Serra. Asumió la presidencia de Brasil el primero de enero de 2003, tras ganar las elecciones en segunda vuelta con el mayor número de votos de la historia democrática brasileña en su momento... (Seguir leyendo en Anexos).

1.6.5. La Izquierda en Bolivia

El 22 de enero de 2006, Evo Morales se convirtió en presidente de Bolivia, el primero de origen indígena, con la promesa de "refundar" la nación más pobre de Sudamérica, tras cinco años de inestabilidad política y violentas revueltas populares... (Seguir leyendo en Anexos).

1.6.6. La Izquierda en Perú

El Gobierno de Pedro Castillo en el Perú inició el 28 de julio de 2021 (tras su juramentación como jefe de Estado y haber ganado las elecciones generales de ese mismo año) y finalizó el 7 de diciembre de 2022, ya que fue destituido por el Congreso de la República del Perú, por lo cual, el mandato de Pedro Castillo duró un año y 130 días (Contralinea, 2022) ... (Seguir leyendo en Anexos).

1.6.7. La Izquierda en Colombia

Con el triunfo de Gustavo Petro, Colombia se suma a la nueva ola de gobiernos de izquierda que llegan al poder en América Latina. Este año, los candidatos presidenciales de izquierda fueron los favoritos en las urnas en Chile y Honduras… (Seguir leyendo en Anexos).

1.6.8. La Izquierda en Argentina

Entre 2003 y 2015, en Argentina, los gobiernos de Néstor y Cristina Kirchner se asociaron, desde el punto de vista ideológico, con lo que se conoció como el "giro a la izquierda en América Latina". El periodo posterior, de Mauricio Macri, entre 2015 y 2019, se ubicó dentro de lo que se ha llamado "el giro a la derecha", mientras que el actual gobierno de Alberto Fernández, que comenzó a fines de 2019, abrió la posibilidad, una vez más, de un "giro hacia la izquierda" … (Seguir leyendo en Anexos).

Los gobiernos de derecha e izquierda proponen soluciones diferentes, las soluciones varían en su orientación: en el caso de la izquierda, la prioridad está ubicada en compensar las desigualdades a través de una mayor participación del Estado, la igualdad de oportunidades y una mayor justicia social.

Para la derecha, las soluciones son inversas: apostar a la reducción de la participación del Estado en la economía, la promoción de la libertad de los actores individuales y la meritocracia, además de hacer énfasis en la lucha contra la corrupción y la inseguridad ciudadana, cuyas soluciones asociadas apelan a la "mano dura".

Las cinco principales economías de América Latina están actualmente dirigidas por gobiernos de izquierda. Lula da Silva (Brasil), Andrés Manuel López Obrador (México), Alberto Fernández (Argentina), Gustavo Petro (Colombia) y Gabriel Boric (Chile); son líderes de perfiles diferentes, pero unidos por su voluntad de transformación social

(Calero, 2023). La izquierda estará representada también en Bolivia (Luis Arce), Honduras (Xiomara Castro), Venezuela (Nicolás Maduro), Panamá (Laurentino Cortizo), Costa Rica (Rodrigo Chávez), Guatemala (Bernardo Arévalo), entre otros países.

CAPÍTULO II

EL MÉXICO DE HOY: LA TRANSICIÓN (2018-2024)

2.1. Principales logros en cinco años (2018-2023)

A partir de que el presidente tomó posesión en 1918 en el gobierno y a un año de finalizar su mandato, ha habido importantes avances en el país en los aspectos económico y social, sobre todo para los más pobres que durante años habían sido olvidados por los gobiernos neoliberales, quienes se ocuparon solo de atender los intereses de las clases empresariales. Se señalan a continuación algunos aspectos en los que han sobresalido grandes aportaciones en beneficio de la mayor parte de las familias mexicanas:

A). Aspecto Económico

Al presentar los principales resultados socioeconómicos del mes de julio de 2023, el presidente Andrés Manuel López Obrador afirmó que los ingresos del pueblo de México han aumentado a partir del inicio del Gobierno de la Cuarta Transformación.

Menor pobreza. Los resultados, dijo, pueden constatarse en la más reciente "Encuesta Nacional de Ingresos y Gastos de los Hogares 2022", publicada por el Instituto Nacional de Estadística y Geografía (INEGI) el 24 de julio de 2023, la cual refiere que la población más vulnerable registró un aumento del ingreso corriente promedio trimestral de hogares al pasar de 11 141 pesos en 2016 a 13 411 pesos en 2022, lo que se traduce en un incremento de 20.4 % en dicho periodo (AMLO 2023).

Creación de empleos. En conferencia de prensa matutina, al presentar el informe mensual de avances económicos, el presidente habló sobre la creación de 21 millones 885 139 puestos de trabajo ante el Instituto Mexicano del Seguro

Social en julio, es decir, un millón 271 603 más empleos que en febrero de 2020. El promedio de salario mensual de las y los trabajadores registrados en el IMSS alcanzó la cifra histórica de 16 326 pesos.

Menor desempleo. La tasa de desempleo en junio de este año se encuentra en el nivel más bajo con 2.7 %, hecho que no sucedía desde el 2000. México se encuentra en el cuarto lugar en este rubro, superado solo por República Checa, Corea del Sur y Japón. En contraste, el país tiene mejores condiciones que Austria, Australia, Estados Unidos, Canadá, Alemania, Bélgica, Italia, Chile, Colombia y España.

Aumento del salario mínimo. A diferencia de administraciones pasadas, el Gobierno de México fortalece el salario mínimo diario; subió este 2023 a 207.4 pesos, un 89 % de aumento del poder adquisitivo en términos reales respecto al de 2018. La meta de esta administración, dijo, es superar el 100 %. En junio, el dinero alcanzó a las familias para comprar hasta 9.9 kilogramos de tortilla, 4.7 de frijol y 4.8 de huevo. La constante baja en la inflación anual a 5.06 % en el último reporte de junio, como resultado de las medidas aplicadas por el Gobierno de México a favor de la economía popular, lo que ubica al país en mejores circunstancias en comparación con Alemania, Italia, Chile, Reino Unido y Colombia.

Estabilización de precios en energéticos. En el desglose de junio, el sector de energéticos disminuyó a menos 0.7 % debido a la estabilidad de los precios de las gasolinas y diésel; el de alimentos se ubicó en 2.4 %, mientras que el resto de productos registró 3.4 %.

Rescate de Pemex y CFE. El rescate de Petróleos Mexicanos (Pemex) y de la Comisión Federal de Electricidad (CFE) favorece a la economía del pueblo al bajar el precio de la gasolina magna en un promedio anual de 7.2 % durante esta gestión; la premium 5.4 % y el diésel 7.4 %, así como el gas LP en cilindro que redujo el costo

33.4 %. La tarifa doméstica de luz registra menos 0.6 % de variación contra noviembre de 2018.

Fortalecimiento del peso. El peso mexicano es la moneda que más se ha apreciado en el mundo con relación al dólar (17.8 % desde el inicio de la Cuarta Transformación). En sexenios anteriores mantenía una devaluación continua, como el caso de la administración de Miguel de la Madrid (1982-1988), cuando se registró 3100 %. Con Carlos Salinas de Gortari, se registró 36 % de devaluación; con Ernesto Zedillo 173 %; Vicente Fox 12.5 %; Felipe Calderón 6.8 % y con Enrique Peña 37.2 %.

Mejor precio para el petróleo. El precio de la mezcla mexicana de exportación al 31 de julio de 2023 fue de 76.53 dólares por barril, es decir, tuvo un incremento de 44.02 % en lo que va de esta administración, reportó el jefe del Ejecutivo.

Aumento en las remesas. Las remesas, sumaron 5 572 millones de dólares en junio de 2023, lo que representa un incremento del 8 % comparado con el mismo periodo de 2022, de acuerdo con datos del Banco de México. El gobierno federal estima que en julio la cantidad alcance los 5 730 millones de dólares y, para finales de año, se supere los 60 000 millones de dólares en total. Señaló el mandatario que estos envíos van a diez millones de familias de los lugares más apartados; esto reactiva mucho la economía. Estamos hablando de más de un billón de pesos al año.

Inversión extranjera. La Inversión Extranjera Directa, que consigue números favorables al primer trimestre del año, alcanza 18 mil 636 millones de dólares, de acuerdo con cifras preliminares de la Secretaría de Economía. En mayo pasado, México fue el principal socio comercial de Estados Unidos. La importancia de la llegada de inversión extranjera al país favorecida por el Tratado Comercial entre México, Estados Unidos y Canadá (T-MEC). Mencionó el mandatario que "México es de los países con más oportunidades para la inversión en el mundo". Está entre los diez países del mundo más atractivos para la inversión.

El crecimiento del producto interno bruto. Al hablar sobre el crecimiento del Producto Interno Bruto, dio a conocer que México se recuperó 3.6 % anual en el segundo trimestre de 2023. A la fecha, tiene una mejor perspectiva que Estados Unidos, Portugal, España, Arabia Saudita, Francia, Bélgica, Corea del Sur, Italia, Alemania y Austria. En ese sentido, el crecimiento promedio anual del Producto Interno Bruto se ubicó en 0.7 %, no obstante, el gobierno federal busca incrementarlo hasta 1.3 %.

En este periodo, México se colocó en el concierto de las naciones en el segundo lugar en cuanto al crecimiento económico que fue 3.6%, solo después de China que subió 6.3%. Sin embargo, naciones como Estados Unidos, creció en este trimestre 2.4 %, Portugal 2.3, Bélgica 0.9, Corea del Sur 0.8, Italia 0.8, Alemania 0.2 y Austria cayó 0.3.

Las reservas del Banco de México. Las reservas internacionales del Banco de México subieron 17.4 % al 28 de julio del 2023, lo que se traduce en 204 099 millones de dólares.

Crecimiento en la Bolsa Mexicana de Valores. El panorama atractivo a la inversión abona al comportamiento positivo de la Bolsa Mexicana de Valores, que creció 31 % al 31 de julio de este año (AMLO, 2023).

B). Política Social

A cinco años de asumir el cargo Andrés Manuel López Obrador (AMLO), la Cuarta Transformación registra avances en la aplicación de un proyecto de nación a favor de las mayorías que estuvieron abandonadas en el modelo económico neoliberal. Al encabezar el informe de Programas para el Bienestar, el presidente Andrés Manuel López Obrador reafirmó que el Gobierno de la Cuarta

Transformación "trabaja para transformar a México desde abajo y con la gente".

Una breve lista de los principales resultados en política social, a cinco años de su gobierno y luego de las crisis económicas mundiales derivadas de la pandemia Covid-19 y la guerra entre Rusia y Ucrania:

• En conferencia de prensa matutina, el coordinador general de Programas para el Bienestar, Carlos Torres Rosas, informó que 25 millones 624 254 personas, accederán este año 2023 a los apoyos con una inversión histórica de 598 010 millones de pesos, lo que representa un incremento del 34 % en el presupuesto de este rubro en comparación con lo asignado en 2022.

• De 35 millones de viviendas que hay en el país, dijo, el 71 % recibe al menos uno de los Programas para el Bienestar; otros cinco millones se benefician de una parte de los recursos de la nación al desempeñarse como servidores públicos y el resto, cinco millones, se favorecen de manera indirecta, ya que las becas y pensiones, aumentan el poder adquisitivo de la gente y contribuyen al flujo del capital.

- Se encuentran operando los programas sociales: Pensión para el Bienestar de las Personas Adultas Mayores; Sembrando Vida; Jóvenes Construyendo el Futuro; Beca para el Bienestar Benito Juárez de Educación Básica; Beca Universal para el Bienestar Benito Juárez de Educación Media Superior; Beca para el Bienestar Benito Juárez de Educación Superior; Pensión para el Bienestar de las Personas con Discapacidad; Programa de Niñas y Niños Hijos de Madres Trabajadoras; La Escuela es Nuestra; Producción para el Bienestar; Bien Pesca; Tandas para el Bienestar; Fertilizantes para el Bienestar; Programa por Una Mejor Vivienda; Programa Nacional de Reconstrucción; Precios de Garantía.

C). Obras de Infraestructura

Una de las principales apuestas de este gobierno fue generar empleos a partir de la construcción de grandes obras de infraestructura que apuestan por la soberanía y el desarrollo en zonas históricamente desatendidas, así como concluir con obras que gobiernos pasados (desde el sexenio de Vicente Fox) dejaron en el abandono, como: la refinería Dos Bocas, el Tren Maya, Aeropuerto Internacional Felipe Ángeles (AIFA), el corredor transístmico, el tren México-Toluca, presas y acueductos, carreteras, caminos rurales, sucursales del Banco del Bienestar, hospitales y clínicas, entre otros proyectos.

Conferencia Matutina Presidencial. Con esta estrategia, López Obrador (AMLO) rompió el cerco mediático que padeció siendo oposición y que se ha mantenido a lo largo de su gobierno. En un hecho inédito, de lunes a viernes se enfrenta a las preguntas de la prensa. Esta estrategia le ha servido al presidente para contrarrestar la campaña ofensiva que los medios convencionales de comunicación, al servicio de la derecha reaccionaria, han mantenido en su contra desde que asumió el poder.

D). Otros Logros Importantes

- Se aumentó el salario mínimo; se redujo el gasto en medios de comunicación por publicidad oficial en 80 %.

-Se dan subsidios a gasolina, electricidad y alimentos como maíz y frijol.

-Se nacionalizó el litio; se compraron las plantas de producción eléctrica a Iberdrola; se adquirió el 100 % de acciones de Shell la refinería Deer Park; se compró la empresa de internet; Pemex vendió el astillero Hijos de J Barreras en España; se renegociaron contratos leoninos con la IP (ejemplos prisiones y CFE); se canceló el aeropuerto de Texcoco.

-Baja en salarios a funcionarios y austeridad en el gobierno; venta del avión presidencial, aviones y aeronaves que no se necesitaban; se crearon los tianguis del bienestar para entregar a personas pobres todos los productos decomisados; se eliminó la pensión a expresidentes de la república de cinco millones mensuales.

-Creación de universidades Benito Juárez en zonas marginadas con licenciaturas afines a las necesidades de cada región.

-Desaparición del Estado Mayor Presidencial; transformación de la residencia Los Pinos en centro cultural; extensión de Chapultepec.

-Se apoya a comunidades indígenas (caso del plan de justicia para el pueblo Yaqui).

-Se aprobó el proceso de revocación de mandato y la desaparición del fuero del presidente de la república; se promovió el uso de las consultas públicas en temas de interés nacional como el juicio a los expresidentes.

-Creación de la Guardia Nacional (y construcción de sus cuarteles).

-Rescate del sistema sanitario: terminación de hospitales y clínicas construidas en gobiernos pasados que estaban en el abandono; contratación de médicos especialistas para cubrir déficit, incluidos los de otros países como Cuba. En la compra de medicinas se rompió el monopolio de farmacéuticas; se avanza en la federalización del sistema sanitario; en el contexto de la pandemia, se hizo una compra masiva y anticipada de vacunas contra el Covid-19, se compraron insumos de urgente necesidad, como ventiladores; se aplicó un modelo de reconversión de hospitales Covid.

-Cambio de reglas para permitir el voto directo y secreto en la vida sindical; democratización del sindicato petrolero; basificación de trabajadores de la educación.

-Ampliación de las reservas de la biosfera; ampliación de zonas protegidas; y cancelación de abusos ambientales.

-En el combate a la corrupción e impunidad, destacan los casos de Seguridad Alimentaria Mexicana (SEGALMEX), que tras descubrirse se actuó para que los responsables rindan cuentas ante la justicia y se recupere el dinero. Otros casos relevantes: litigio en una corte de Florida, Estados Unidos, contra la red de corrupción de Genaro García Luna, para recuperar parte del dinero robado a la nación; casos: Juan Collado; exprocurador Jesús Murillo Karam; Emilio Lozoya; Alonso Ancira; Rosario Robles; por primera vez en cuatro sexenios se combate al huachicol.

-Freno a la intervención estadounidense: salida de las 14 agencias de Estados Unidos de México por considerar que sus labores son invasivas y contrarias al principio de respeto a la soberanía nacional.

-Reuniones de seguridad de lunes a viernes a las 6 de la mañana, encabezadas por el presidente López Obrador; reuniones de seguridad en los estados con la presencia de la Guardia Nacional, SEDENA y Marina; búsqueda de la pacificación del país mediante el cambio de política pública de atender las causas que originan la violencia, y la instalación de mesas de paz.

-Atención a conflictos sociales del pasado: caso Ayotzinapa, Guardería ABC y Pasta de Conchos.

-Defensa del maíz nativo frente a los transgénicos y el glifosato.

-Cambios en el Conacyt para que ya no se apoyara con dinero público a las trasnacionales; cambio en el Centro de Investigación y Docencia Económica (CIDE) para que ya no esté en manos de neoliberales.

-Se rompió con el monopolio del papel en la elaboración de libros de texto gratuitos (Contralinea, 2023).

Como parte del ambiente de gobernabilidad y de las acciones de pacificación, el presidente López Obrador presentó un análisis del promedio de homicidios dolosos por sexenio, desde 1990 a 2023, en el que resalta la disminución del 17 % de variación total en el actual gobierno. El mandatario estimó alcanzar el 20 % al finalizar su gestión.

Simultáneamente también se redujeron los delitos del fuero federal por 17.9 % en junio de 2023; de secuestro 73.9 %;

robo general 25.8 % y robo de vehículo automotor 45.7 % (AMLO, 2023).

2.2. La ruta que siguió la Cuarta Transformación en cinco años.

a). La Bandera Anticorrupción

Desde el 2018 el gobierno de López Obrador ha implementado una lucha encarnada en contra de la corrupción asociada a una oligarquía que paralizó al Estado mediante la captura de las instituciones.

El diagnóstico sobre el combate a la corrupción, como forma de recuperación del excedente social, adquirió un tono programático en el gobierno de AMLO, quien, desde los primeros días de su gobierno colocó este como el tema fundamental de su gestión. A través de la lucha contra la corrupción logró una recuperación del excedente social que fue utilizado para obras de interés público, así como para la entrega de apoyos económicos a los sectores más desfavorecidos.

En esta debe incluirse, en primer lugar, la denuncia del robo de combustible que se había creado un mercado paralelo. El llamado "huachicol" (robo de combustible a partir de la perforación de las instalaciones de su distribución) fue la primera pugna en contra de la corrupción. Siguió la del reordenamiento de la inversión del Estado en el organismo de ciencia y tecnología, que en décadas pasadas había funcionado como financiador del sector privado, entre las que se encontraban algunas trasnacionales como Coca-Cola y Monsanto.

El tercer momento significativo fue el de la recaudación de grandes deudores, mediante la exposición pública o diversos juicios, se logró que empresas como Walt-Mart, entre otras, pagaran adeudos importantes en términos de impuestos (Ortega, 2022).

- Para muestra un botón, la llamada "fotografía maldita" sobre corrupción en anteriores gobiernos

El año 2012 fue publicada la llamada "fotografía maldita" en la que el expresidente de la república Enrique Peña Nieto presumía a la mayoría de gobernadores jóvenes como la nueva generación de priistas que tomaría las riendas de la nación. Luego de haber regresado al poder el PRI después de los dos sexenios panistas (2000-2012) y manifestarles a sus seguidores que existía la necesidad de refundar al nuevo PRI que serían los encargados de gobernar al país por generaciones futuras.

A más de 10 años de salir al público la emblemática fotografía "Presos, prófugos y ejecutados, así terminaron varios de los exgobernadores que posaron sonrientes junto al mandatario priista, señalado por una andanada de casos de corrupción de sus subalternos" (Ramírez, 2020).

Aristóteles Sandoval exgobernador priista asesinado en Puerto Vallarta Jalisco el 18 de diciembre del 2020, según se dio a conocer ya había sido amenazado en el 2018 por la delincuencia organizada (Ramírez, 2020).

Roberto Sandoval exgobernador priista de Nayarit acusado de enriquecimiento ilícito, peculado y otros delitos.

Cesar Duarte exgobernador priista de Chihuahua acusado de corrupción, fraude, entre otros.

Javier Duarte exgobernador priista de Veracruz acusado de corrupción y enriquecimiento ilícito.

Roberto Borge Angulo exgobernador priista de Quintana Roo acusado de corrupción, delincuencia organizada, entre otros.

Rodrigo Medina de la Cruz exgobernador priista de Nuevo León (acusado de peculado y contra el patrimonio público (aunque fue absuelto posteriormente de las acusaciones).

Andrés Granier Melo. Exgobernador priista de Tabasco fue acusado por desviación de recursos públicos y evasión fiscal, aunque el 18 de enero de 2019, Granier Melo dejó la Torre Médica de Tepepan para ser trasladado a su casa ubicada en la alcaldía Coyoacán de la Ciudad de México, en donde estaría en prisión domiciliaria. En mayo de ese mismo año, un juez le concedió la libertad absoluta, luego de cumplir 71 años de edad.

Fausto Vallejo Figueroa. Exgobernador priista de Michoacán acusado por delincuencia organizada quien fue detenido por segunda ocasión el 26 de enero de 2019 por agentes de la Fiscalía General de la República.

Vale la pena señalar que en la "fotografía maldita" también aparece Rafael Moreno Valle, exgobernador de extracción panista, que murió trágicamente el 24 de diciembre de 2018 en un accidente aéreo junto a su esposa Martha Érika Alonso, entonces mandataria de Puebla.

b). "Por el bien de todos, primero los pobres"

Desde su campaña López Obrador supo encauzar muy bien el rumbo que daría el movimiento de la Cuarta Transformación, como él mismo denominó al tipo de gobierno que implementaría en caso de ganar las elecciones del 2018. "Por el bien de todos, primero los pobres" es quizá la frase más significativa para encabezar un gobierno de izquierda progresista, a favor de los que durante años habían sido olvidados por los gobiernos de la derecha que gobernaron México durante seis sexenios consecutivos.

Los grupos indígenas, los campesinos, los obreros y todos los grupos vulnerables a las políticas genocidas que enriquecieron a unos pocos y llevaron a situación de empobrecimiento a millones de mexicanos, encontraron en este sexenio el mejor respaldo como no lo habían tenido en toda su vida.

En información dada a conocer el 1 de agosto del 2023 en la conferencia mañanera, el propio mandatario sostuvo que se implementaron políticas sociales prioritarias para el pueblo, como los Programas para el Bienestar que protegen la economía popular y fortalecen los recursos de las familias.

En referencia a la publicación reciente del Consejo Nacional de Evaluación de la Política Social (CONEVAL), señaló el mandatario en conferencia mañanera que "es una muy buena noticia que se complementa con la información que dio a conocer el INEGI sobre los ingresos de las familias mexicanas, de cómo han ido mejorando los ingresos, en especial para la gente pobre". De 2020 a 2022, la población en situación de pobreza pasó de 55.7 millones de personas a 46.8 millones, lo que representa una reducción de 8.9 millones.

Afirmó que "simultáneamente se cierra la brecha salarial entre los más ricos y los más pobres: en 2010 (año correspondiente al sexenio de Calderón), los más acaudalados llegaron a ganar 35.6 veces más que la población vulnerable, en 2022 se redujo a 15 veces".

Las cifras de carencia alimentaria arrojaron resultados positivos en el país, al pasar de 57.8 % a 66.1 % de personas que tienen garantizado el acceso a una alimentación nutritiva y de calidad.

"También en alimentación, que eso me llena de satisfacción, hay menos hambre, así como baja la pobreza, ahora la gente tiene más alimentos que antes", aseguró.

2.3. Los avances electorales de MORENA con el Obradorismo 2018-2023.

Gobernadores de MORENA. Desde el 2018 hasta septiembre del 2023 el Partido MORENA ha aumentado su fuerza política en todo el territorio de la república mexicana, las 32 entidades son gobernadas por los siguientes Partidos políticos: 22 con MORENA, 5 el PAN, 2 el PRI, 2 el Movimiento Ciudadano y uno el Partido Verde.

La cámara de diputados. Desde el 2021 de un total de 500 diputados quedó conformada de la siguiente manera: MORENA 252, PAN 79, PRI 49, PT 44, MC 24, PES 23, PRD 12, Partido Verde 11, Sin Partido 6 (Cámara de diputados, 2023).

La cámara de senadores. Está conformada por 128 miembros de la manera siguiente: MORENA 60, PAN 20, MC 12, PRI 8, PT 6, Partido Verde 8, Encuentro Social 4, PRD 3, Sin Partido 7 (Cámara de senadores 2023).

A pesar de que en los gobiernos de los Estados se han vertido críticas en relación a que se han postulado candidatos provenientes de la derecha, los resultados a favor de MORENA han sido positivos debido al arrastre que ha significado el buen gobierno del presidente Andrés Manuel López Obrador, quien goza de una aceptación como jamás había tenido presidente alguno.

La sociedad ha criticado a los gobernadores estatales de asumir prácticas de gobierno similares a como lo hacía la derecha, sin embargo, la mayoría de la gente sigue confiando en que las cosas cambiarán para los siguientes años y que en todo caso sería peor permitir, que los corruptos que saquearon al país regresen al poder.

Se ha criticado también al dirigente nacional de MORENA Mario Delgado de negociar las candidaturas con grupos políticos a espaldas de la militancia y del pueblo, ya que del 2018 al 2021 este Partido tenía mayoría calificada (dos tercios del total de los 500 miembros que integran la cámara de diputados) junto con los aliados del PT y el Verde. En la elección de 2021 dicha alianza solo obtuvo la mayoría relativa en la cámara baja y no alcanzó las dos terceras partes, para la mayoría calificada que serían 334 diputados, insuficientes para realizar las reformas constitucionales que se necesitan para implementar las leyes que la sociedad requiere (tal como pasó con la reforma eléctrica).

2.4. Los fracasos de los partidos políticos de la derecha en México.

Desde que Andrés Manuel López Obrador asumió la presidencia en el año 2018, la derecha en México ha sufrido derrota tras derrota. De 32 entidades de la república, ya son 23 que se encuentran en manos del movimiento de la Cuarta Transformación, se espera que, en la elección de 2024, casi la totalidad de las gubernaturas sean ganadas por esta alianza de Partidos de izquierda progresista.

Los Partidos de la derecha reaccionaria en México, representados por el PRI y el PAN, trabajaron muy de la mano desde 1983, luego de echar a andar la política económica neoliberal que se había recomendado desde Washington, a través de las recetas económicas de los organismos financieros al servicio de Los Estados Unidos de Norteamérica, en los que supuestamente México ingresaría a la "modernidad".

Como ya se ha mencionado en el primer capítulo de este libro, en 36 años consecutivos que gobernaron el país estos Partidos políticos (PRI Y PAN), no se solucionó el problema de la pobreza y el país quedó estancado en una profunda crisis económica que se manifestó en corrupción generalizada, desempleo, baja producción agrícola, bajo crecimiento y desarrollo económico, inflación, devaluación, déficit en la balanza comercial, etc.

Un tratado de libre comercio que supuestamente resolvería el hambre y aliviaría la crisis, se tradujo en mayor beneficio, pero para las empresas trasnacionales, que siguieron saqueando los recursos naturales; y peor aún, con la entrada de la industria alimentaria que vino a atrasar más a los productores por la injerencia de los transgénicos y los agroinsumos en manos de monopolios extranjeros.

La derecha oligárquica siempre pensó que el gobierno de Andrés Manuel, sería uno más de los mismos como los corruptos y apátridas que gobernaron los últimos 36 años del periodo neoliberal, en el que los mandatarios se convirtieron en "peleles" del gobierno de los Estados Unidos de América al mantener una política económica acorde a sus propios intereses, incluso alguno de ellos, (Ernesto Zedillo que vendió las concesiones de ferrocarriles mexicanos a empresarios mexicanos y estadounidenses) salió de presidente y se fue a trabajar al servicio de las trasnacionales.

Otro ejemplo de la relación vergonzosa que han tenido los gobiernos de México es el suceso de enero del 2017 cuando Donald Trump, presidente de Estados Unidos, pidió a su homólogo Enrique Peña Nieto en una llamada telefónica, dejar de decir públicamente que México no pagaría el muro fronterizo que buscaba construir. Dicha conversación comienza con la frase "No digas que México no pagará el muro", la cual fue publicada el 3 de agosto de ese año por la revista Forbes. Incluso el presidente Maduro de Venezuela en relación a esa llamada telefónica, catalogó a Peña Nieto como un "cobarde" que no sabía defender a su pueblo.

Andrés Manuel López Obrador desde que inició la primera campaña en el 2005, advirtió a los mexicanos de los desastres que ocasiona para el país la política neoliberal que se estaba implementando desde el gobierno de Miguel de la Madrid.

Respecto al tratado comercial entre México, USA y Canadá (TLCAN) que se inició a partir del primero de enero de 1994, Obrador advirtió sobre las grandes desventajas que tenían las empresas mexicanas para competir con las grandes trasnacionales poseedoras de las innovadoras tecnologías potenciales para la producción industrial. Dio a conocer el ahora mandatario de México al respecto, que sería la quiebra y el cierre de las medianas y pequeñas empresas mexicanas, que no resistirán el embate económico, lo cual ocasiona desempleo y mayor pobreza para la población más vulnerable, y sobre todo la afectación del campo ante el avasallamiento de las altas tecnologías agroindustriales.

Los desastres de esa política neoliberal que por 36 años afectó al pueblo de México, hizo que la población despertara de ese letargo y engaño en el que se les había mantenido durante ese periodo en el que se registraron saqueos y destrucción de los recursos naturales, explotación irracional, ecocidios y los despojos para las poblaciones rurales e indígenas que en muchos casos han sido desplazados de sus lugares de origen.

El pueblo vio en un líder la esperanza de una mejor vida, con un gobierno diferente en el que no hubiera impunidad, corrupción ni abusos de los poderosos hacia los más pobres. Fue así como el discurso de Andrés Manuel López Obrador y los buenos resultados de su gestión como Jefe de gobierno en la ciudad capital (2000-2005): las grandes obras y la puesta en práctica de importantes programas sociales, han sido la mejor carta de presentación que lo convertirían en presidente de la república a partir del 2018.

Desde entonces los grupos de la derecha conservadora han vivido derrota tras derrota casi en todos los Estados de la república mexicana, donde se han llevado a cabo comicios electorales.

El discurso anquilosado de la derecha utilizado en las campañas electorales en México de que MORENA tendría un gobierno populista, que sería igual al del presidente Chávez, etc., ya no tuvo los resultados esperados para la élite empresarial, a la gente ya no se le engañó con el mismo cuento.

El 31 de agosto del 2023, la derecha conservadora definió quien sería su próxima abanderada para contender por la presidencia de la república el domingo dos de junio de 2024, bajo las siglas del Frente Amplio Opositor con sus tres Principales Partidos Políticos (PRI, PAN y PRD).

Tras haber llevado a cabo un proceso interno "democrático" que a todas luces resultó ser una farsa, ya que desde un inicio la oligarquía mexicana y su Consejo Coordinador Empresarial, tenían a la panista Xóchilt Gálvez como su favorita. Fue el propio presidente Andrés Manuel López Obrador quien, en una conferencia mañanera, previo a dicho proceso, lo catalogó como una farsa al expresar que ya la oligarquía mexicana, tenía definido a la que sería su abanderada.

2.5. Los cambios en el modelo educativo y las reacciones de la derecha conservadora

Los actuales libros de texto para el ciclo escolar 2023-2024 de educación básica de La Nueva Escuela Mexicana (NEM), contienen un enfoque crítico, humanista y comunitario, a fin de que los estudiantes se formen con una visión integral, es decir educar no solo para adquirir conocimientos y desarrollar habilidades, sino formar en los valores y el desarrollo del pensamiento moral autónomo.

La NEM busca que exista una estrecha relación entre los alumnos y su comunidad, de esta manera la educación responderá a satisfacer las necesidades de aprendizaje que estarán determinados por el contexto social en el que ellos viven. Se busca que las aulas se conviertan en lugares donde los estudiantes construyan sus aprendizajes y desde luego que sean críticos de su realidad.

Ante la inseguridad y violencia que se vive en México y el deterioro de los valores humanos, la escuela busca fomentar una educación humanista basada en los valores, en los buenos hábitos y en las buenas relaciones de convivencia.

 El enfoque constructivista se implantó en el modelo educativo de 1992 con los aportes teóricos de Wallon, Piaget, Ausubel, Bruner, Vygotski, entre otros; dejando atrás el enfoque conductista de los teóricos Watson, Skinner y Pavlov.

Solo que el sistema educativo mexicano en manos de la burocracia imperante en los sexenios anteriores, poco se interesaban por la realización plena de las actividades educativas como lo sugerían los contenidos curriculares. Incluso se concebía la importancia de la vinculación de la escuela con la comunidad, pero en la práctica estas tareas se dejaban al libre criterio de los docentes.

La ultraderecha conservadora de México aglutinados principalmente al Consejo Coordinador Empresarial, a través de la Unión Nacional de Padres de Familia, al inicio del periodo escolar 2023-2024, pusieron el grito en el cielo para protestar por los nuevos libros de texto que se están llevando a partir de este ciclo escolar, bajo el argumento de que se adoctrinaba a los alumnos en el comunismo y señalaron además otros errores en su redacción: los mismos argumentos que han seguido los conservadores a través de la historia.

La Unión Nacional de Padres de Familia

Esta es una asociación civil que fue fundada en el año 1917 para detener los avances de la educación libre, gratuita y laica contemplados en La Constitución Política Mexicana que se aprobó ese mismo año. Esta organización apoyó la guerra de los cristeros en contra del gobierno de Calles en 1926; protestó también por la educación socialista en el gobierno de Lázaro Cárdenas; en 1960 con el gobierno de Adolfo López Mateos se promulgaron en contra de la entrega de libros de texto gratuito elaborados por la Comisión Nacional de Libros de Texto Gratuitos (CONALITEG), creada por el entonces titular de la Secretaría de Educación Pública (SEP) Jaime Torres Bodet.

Esta asociación se ha promulgado también desde hace varias décadas en contra de la educación sexual con campañas homofóbicas. Es, además, una organización de la derecha que ha estado ligada a otros grupos del conservadurismo como Provida, El Yunque, La Iglesia Católica, y desde luego al Partido Acción Nacional (PAN) desde su fundación en 1939.

Lo que realmente pretenden estos grupos de la ultraderecha, es evitar a toda costa que el pueblo se informe y tome conciencia de las atrocidades que han cometido los gobiernos monárquicos o empresariales, reductos del conservadurismo, quienes desde siempre se han puesto al servicio de gobiernos extranjeros, como lo señala la historia de México.

Hasta dónde han llegado estos grupos de inquisidores que buscan el oscurantismo de los pueblos para detener su desarrollo. Pero como decía Juárez: "El triunfo de la reacción es moralmente imposible".

En México actualmente según datos del INEGI, casi 5 millones de adultos son analfabetos y 28 millones no concluyeron su educación básica. Todo esto porque los gobiernos neoliberales de estos años no quisieron abatir estos rezagos educativos. Es lógico suponer, que estos grupos le han apostado a la ignorancia de los pueblos para poder someterlos, explotarlos y manipularlos de acuerdo a sus intereses.

Sobre el hábito de la lectura se sabe que los mexicanos leen un promedio de dos libros al año, según datos de la ONU y de la OCDE, a diferencia de casi 50 que se leen en los países nórdicos. Esto debido al atraso cultural y educativo en el que se encuentra nuestro país.

A grandes males, grandes remedios, en México se requiere un modelo educativo que promueva el pensamiento crítico y las libertades democráticas, ojalá que el próximo gobierno, que seguramente será de izquierda progresista, consolide el rumbo de una educación para todos y que eleve los niveles de escolaridad en toda la población, y sobre todo que se erradique el analfabetismo. Grandes experiencias educativas hay en América Latina y el mundo para abatir el problema del rezago educativo que deberían ser tomadas en cuenta en el próximo sexenio.

En México se necesita una renovación profunda del modelo educativo actual y sobre todo que el servicio educativo, implementado por el Sistema Educativo Nacional, esté en manos de docentes preparados profesionalmente en los avances de la ciencia y la pedagogía. Es importante, además, que los funcionarios y el personal técnico educativo, sean personas con

profesionalismo y comprometidas con un trabajo de excelencia como lo necesita el país en estos tiempos (Gurrola, 2021).

CAPÍTULO III

PROSPECTIVA PARA EL PRÓXIMO SEXENIO (2024-2030)

3.1. Del liderazgo de masas a la conciencia social

El presidente de México ha sido ya catalogado como el mejor presidente de la época moderna, no solo por encuestadoras mundiales como (Morning Consult) que le han dado seguimiento a su respaldo popular y que lo ubican en primer lugar junto con el mandatario de La India. En México las diversas encuestadoras lo ubican entre un 65 % y un 75 % de aprobación. Le destacan algunas características a su desempeño como: honestidad, congruencia en su discurso, sencillez, defensor de la nación, muy trabajador, entre otras. En el respaldo popular se refleja la confianza y el apoyo moral que tiene con los gobernados.

Para el presidente que es un hombre de principios, humanista y de ideas progresistas, esa aceptación popular es el mejor aliciente para concluir con el compromiso que asumió en el 2018 ante todos los mexicanos, de luchar y trabajar constantemente para que México sea una nación próspera, donde los habitantes vivan con un mejor bienestar cada día de su mandato.

Gran mérito tiene el presidente Andrés Manuel López Obrador con ser distinguido ahora como el mejor presidente del planeta, pero grande fue el esfuerzo que realizó por ser un incansable luchador social que ha demostrado a México y los países, la mejor forma de ejercer el poder, por haber sido también el segundo mejor alcalde del mundo en la ciudad de México del 2000 al 2005.

La inigualable perseverancia del mandatario de creer en el pueblo y en los valores culturales como el gran patrimonio nacional, fue algo que lo animó en buscar el cargo de presidente de la república en tres campañas políticas consecutivas para lograrlo. No se tiene precedente en México de hombres que han forjado su lucha de la mano del pueblo, a quienes les supo transmitir y comunicar el mensaje de que el deber de todo político está en servir a su país.

El presidente López Obrador ha demostrado tener principios y valores sobre todo en la justicia, la humildad, la democracia, la igualdad, la solidaridad, el respeto, la valentía y muchos otros más. También demostró que para gobernar no necesita ser soberbio, autoritario, poderoso, derrochador, ni corrupto como los últimos seis mandatarios de la derecha que le antecedieron.

Quien lo suceda en su gobierno, si quiere seguir con ese respaldo popular, tendrá que ser mejor que él, como personalmente ya lo ha manifestado. Romper con los vicios que se tenían en los gobiernos oligárquicos, neoliberales, racistas y vendepatrias, no ha sido una tarea fácil. El gestionar la pandemia adecuadamente como lo hizo durante esos dos años de su mandato, fue una demostración ante el mundo de la solidez de su gobierno, a pesar de que en esos años se estancó el crecimiento de la economía.

De ser un líder de masas reconocido por la inmensa mayoría de los mexicanos y extranjeros, pasará a retirarse de la vida pública y de su activismo político como ya lo ha manifestado. La gran pregunta, ¿la persona que lo suceda en el cargo tendrá el valor y la capacidad suficiente para gobernar a una nación, que cada vez es más crítica y está más politizada? El Partido MORENA y la nueva presidenta de la república, tendrán a nuestro haber, solo una gran oportunidad para demostrarle al pueblo, que sigue habiendo liderazgo de continuar con la Cuarta Transformación, que el presidente Obrador dejó en camino.

El Partido MORENA tiene el gran compromiso de transparentar los procesos de elección interna en todos los cargos de representación popular y ser congruentes con lo que establecen sus estatutos sobre los principios de equidad, democracia e imparcialidad. Cada vez más la ciudadanía ha aprendido a diferenciar el voto; el arrastre popular que tenga un líder nacional, ya no es garantía de que la ciudadanía vote por toda la fórmula del Partido.

Aparte de que el pueblo está más politizado, ya no estará la figura del presidente López Obrador. Por mucho liderazgo que tenga quien lo sustituya en el cargo, la gente podría girar hacia la derecha, si no se cumplen los principios democráticos, como ya se ha visto en los gobiernos latinoamericanos en la última década. Además, el Partido MORENA deberá ser un ejemplo de cómo se ejerce la democracia en una sociedad de izquierda progresista.

El día 7 de septiembre de 2023 el presidente de la república en un acto público en la ciudad de México, entregó el bastón de mando a la Doctora Claudia Sheinbaum Pardo, que simboliza la máxima autoridad de las culturas indígenas de México, acto en el que la aspirante se comprometió a encabezar junto con el pueblo, el proyecto político nacional para el próximo sexenio 2024-2030. Este compromiso lo asumió luego de ser ganadora entre los cinco aspirantes que se sometieron a cinco encuestadoras diferentes en todo el territorio nacional, para dirigir a partir de ese momento, los comités de la denominada Cuarta Transformación.

El sentimiento y nobleza del pueblo mexicano han sido inmensos al darle la confianza al hombre que supo cumplir con sus compromisos. Ese sentimiento moral no se puede heredar o traspasar automáticamente; la nueva mandataria tendrá que demostrar el espíritu inquebrantable y templanza que día a día el presidente Andrés Manuel López Obrador, mostró ante sus adversarios y ante los gobiernos de las grandes naciones de quienes se ganó el respeto y la admiración.

Lo cierto es que el historial de luchas que el presidente López obrador encabezó a favor de su país por más de tres décadas, lo hacen inigualable frente a todos los liderazgos del México contemporáneo. No solamente se enfrentó a los grupos de derecha al interior del país, sino a los grupos fácticos, a la prensa reaccionaria y a la derecha internacional que a cada paso lo atacaron y cuestionaron desde que asumió su mandato en el 2018.

La nueva mandataria necesitará un extraordinario esfuerzo, entrega, humanismo, inteligencia y capacidad para mantener la cohesión de la mayoría de los mexicanos en los nuevos procesos de transformación, frente a una derecha amenazante con poder económico capaz de destruir los sueños y esperanzas de una sociedad con ansias de un mejor futuro.

El Partido MORENA y sus aliados tendrán que utilizar una estrategia más inteligente, democrática e incluyente que en el 2021 en la elección de diputados, ya que en esa elección se perdió la mayoría calificada que habían ganado dichos Partidos en el 2018. La obtención de la mayoría calificada es indispensable para realizar los cambios constitucionales necesarios para el país y eliminar los rezagos sociales que dejaron los anteriores gobiernos de la derecha.

De lo contrario será muy difícil atender las demandas de la población de una manera correcta y estaría en riesgo la confianza de los ciudadanos, que hasta ahora tienen la esperanza de que México salga de una vez del subdesarrollo.

3.2. Propuestas viables para el próximo sexenio

El actual sexenio llamado de "La Transición Democrática" cuenta con un verdadero líder, que como ya lo mencionamos, ha sabido sobrellevar el barco hacia un mejor horizonte, puesto que cuenta con la confianza y aceptación de la gran mayoría de los mexicanos y que ha trabajado como jamás lo ha hecho presidente alguno.

El pueblo de México tiene una aceptación mayoritaria por el presidente y por MORENA de alrededor del 70 %; lo que significa que Claudia Sheinbaum como Coordinadora Nacional de los Comités de la Cuarta Transformación, es una verdadera figura política, capaz de encabezar la transformación que está en proceso. Como futura candidata para las elecciones del 2024, sin duda que estaría ganando las elecciones de la izquierda progresista.

Diversas empresas encuestadoras han realizado recientemente sondeos para conocer las preferencias electorales de los mexicanos, sobre los diversos aspirantes al cargo de presidente de la república:

Empresa Blanco y Asociados (MEBA) el 9 de octubre del 2023

Claudia Sheinbaum MORENA, PT y Verde--------60.8%

Xóchilt Gálvez   PRI, PAN y PRD--------------------26.7%

Samuel García MC --9.7

Eduardo Verástegui   Independiente------------------2.8%

Empresa VOTIA del 7 de octubre 2023

Claudia Sheinbaum MORENA, PT y Verde--------59 %

Xóchilt Gálvez   PRI, PAN y PRD--------------------27 %

Samuel García MC --7 %

Eduardo Verástegui   Independiente------------------2 %

Empresa Buendía y Márquez del periódico El Universal del 4 de octubre del 2023

Claudia Sheinbaum MORENA, PT y Verde--------- 50 %

Xóchilt Gálvez   PRI, PAN y PRD------------------ 20 %

Samuel García MC --7 %

Eduardo Verástegui   Independiente------------------4 %

Las tres encuestadoras del mes de octubre del 2023, muestran una contundente victoria a favor de la aspirante de izquierda progresista Claudia Sheinbaum. Se interpreta que el pueblo de México está convencido de que se debe seguir con el rumbo en el 2024 de la Cuarta Transformación que inició el presidente Andrés Manuel López Obrador.

La lectura de estos datos muestra que la sociedad mexicana, mantiene firme la esperanza de que se continúen haciendo los cambios como hasta ahora con el partido MORENA; significa también, que el pueblo de México ya no quiere que se regrese a la política de corrupción e impunidad, que la derecha conservadora neoliberal le heredó al actual gobierno.

Desde que asumió el cargo López Obrador, se ganó también el respeto y reconocimiento de todos los gobiernos del mundo, básicamente por asumir siempre el principio de la no injerencia y autodeterminación de los pueblos; además, por gobernar a su país bajo los principios de equidad, justicia social y democracia participativa.

El rumbo que se deberá seguir para el próximo sexenio por la izquierda progresista, estaría contemplando algunas ideas que otros países han puesto en práctica en sus procesos de transformación. Estaríamos hablando de que continúe con la dirección trazada por el pueblo de México, con el presidente Andrés Manuel López Obrador, para lograr la consolidación de una república democrática y popular.

En los países que han logrado una verdadera transformación hacia el desarrollo y justicia para los pueblos, tomaron en cuenta lo siguiente:

a). Una sociedad más igualitaria.

Una política social encaminada a seguir combatiendo las desigualdades socioeconómicas, es decir, una mejor distribución de la riqueza nacional. Año con año se tendrá que reducir la pobreza y disminuir la brecha entre los grupos de mayor y los de menor ingreso.

Con estas medidas la clase media aumentará y consecuentemente la mayor parte de la población tendrá acceso a una buena alimentación, a los servicios médicos de calidad, una educación gratuita y de excelencia, un empleo mejor remunerado, contar con una mejor vivienda, seguridad social, etc.

b). Ampliar la propiedad social de los medios de producción.

Para el Estado deberá ser prioridad el apoyo a la propiedad social para mejorar la producción, ya sea en el campo, los servicios, la industria, mares, marismas, etc. Esto implica fomentar la democracia participativa y el trabajo colaborativo, para que sean las comunidades las que se beneficien a través del bien común y de la riqueza generada.

La capacitación para el trabajo juega un papel muy importante, ya que permitirá que los grupos se preparen técnicamente para producir mejor y a la vez proporcionarles asesoría en administración y organización, fomentando así el cuidado y transparencia en el manejo de los recursos y el bienestar de la comunidad.

Esto serviría para evitar abusos o actos de corrupción y que se evite la aparición de caciques o acaparadores de beneficios, como se hizo con los gobiernos neoliberales. Como ejemplo de grupos organizados para aumentar la producción y fomentar el empleo, podrían ser las sociedades de producción pesquera y agropecuaria, las cooperativas de bienes y servicios, apoyos a los ejidos y grupos organizados, etc. Cabe aclarar que estas asociaciones deberán ser supervisadas y apoyadas permanentemente por las autoridades competentes para que se cumpla con el objetivo principal que es el bien comunitario.

c). Ampliar los programas sociales basados en aumentar la productividad y la autosuficiencia.

Los programas sociales han contribuido en disminuir la pobreza en México en este sexenio, en el que algunos como el de las pensiones a los adultos mayores, atención a discapacitados y las becas para estudiantes, ya se hicieron obligatorios para el gobierno federal al quedar plasmados en La Constitución Política de los Estados Unidos Mexicanos, luego de ser catalogados como apoyos prioritarios para combatir los rezagos sociales.

En el caso de los programas productivos como "Sembrando Vida", "Jóvenes Construyendo el Futuro" "Producción para el Bienestar" "Crédito ganadero a la palabra", entre otros, tendrían que ser bien orientados a fin de mejorar la productividad en la población a través de la capacitación técnica, para finalmente insertar a los integrantes a la población económicamente activa en las cadenas productivas de manera autónoma e independiente. Además, fomentar la democracia participativa, mejorar la organización social, así como implementar lazos de convivencia entre la población.

Cada uno de estos programas sociales tendrán que ser evaluados periódicamente por las autoridades federales, con el fin de corregir posibles fallas en su operatividad y mejorarlos año con año. Esto para que funcionen correctamente y no queden a la deriva como se hacía con los programas clientelares que se utilizaban en los gobiernos neoliberales.

d). Fomentar la democracia participativa a través de la organización y participación social para la autogestión.

- Un Comité Comunitario en cada barrio, colonia o comunidad

En cada barrio, colonia o comunidad debe integrarse un órgano representativo, electo democráticamente por los ciudadanos con representatividad jurídica, el cual tendrá reconocimiento de la autoridad municipal y estatal, cuyo fin sea el de contribuir a la resolución de la problemática social y de gestionar la atención y los servicios necesarios para la población.

Este órgano será el encargado de velar por los intereses de la población haciendo valer el principio de justicia social para todos los miembros de esa demarcación, sin distinción de ideología política, religión, estrato social o grupo étnico al que pertenezca. Se fomentará, a partir de esta organización, la colaboración de los ciudadanos en la resolución de los problemas que comúnmente les afecten.

Este órgano podría ser un Comité Comunitario integrado democráticamente por los miembros de la comunidad y seria para fines eminentemente sociales, independientemente de que existan otros representantes comunitarios con otros propósitos, como pudieran ser el juez auxiliar o los llamados Comités de Acción Ciudadana, los cuales han existido desde los gobiernos anteriores, que en ocasiones no se elegían democráticamente y se utilizaban con fines político electorales.

Estos nuevos comités comunitarios que se habrán de estructurar en el próximo sexenio, junto con el comité de educación y el comité de salud (que se abordarán en los siguientes apartados de este trabajo), habrán de coordinarse para trabajar organizados en las actividades que tengan como propósito, resolver las necesidades que comúnmente les afecten a toda la comunidad, colonia o barrio.

e). Impulsar el crecimiento y desarrollo económico del país mediante apoyos a la micro y mediana empresa.

Estos sectores han sido de los más golpeados por los tratados comerciales y concretamente por la política económica neoliberal que los ha dejado a su libre suerte, ante la brutal competencia de las grandes empresas principalmente trasnacionales de Norteamérica.

Las micro y medianas empresas deben ser atendidas con apoyos extraordinarios que les permitan mayor competitividad con más y mejores tecnologías. Invertir en el desarrollo tecnológico y en la investigación científica, es algo que tendrá que hacerse como lo hacen los países desarrollados.

El hacer crecer a la micro y mediana industria, además de fortalecer el empleo de miles de mexicanos, se aumentaría la producción de bienes, lo que ayudaría a lograr la autosuficiencia alimentaria y a la vez mayor crecimiento y desarrollo económico para el país.

f). Crecimiento y desarrollo sostenible bajo estrictas reglas para el cuidado del medio ambiente.

Por el bien de la supervivencia de la humanidad, México tendrá que demostrar que cumple a cabalidad respetando los acuerdos internacionales suscritos por la mayoría de los países, tal es el caso del Acuerdo de París firmado en el año 2015 por 196 países, entre ellos México.

En el acuerdo de París, se pretende la no utilización de los combustibles fósiles con el propósito de reducir las emisiones de dióxido de carbono y metano, que son los principales gases causantes del efecto invernadero y en consecuencia del calentamiento global, que cada vez se está convirtiendo en un problema para la supervivencia de los seres humanos, ante las catástrofes ambientales que ya se están notando en todas las regiones del planeta.

Algunos gobiernos hacen caso omiso, como los Estados Unidos que, debido a intereses económicos, siguen con las mismas políticas destructivas de la naturaleza y los ecosistemas. En la actualidad la política ambiental en México no ha tenido buenos resultados, se sigue con la tala irracional de árboles gracias al aval de los gobiernos locales. Esto a pesar de que ya existen restricciones para la explotación de los recursos forestales, ante la destrucción de los ecosistemas que está ocasionando problemas ambientales como sequías, extinción de especies endémicas, etc.

Existe La Norma Oficial Mexicana NOM-161-SEMARNAT-2011, que establece los criterios para clasificar los residuos sólidos y determina cuáles están sujetos a plan de manejo especial en los tiraderos municipales del país. La NOM- 083- SEMARNAT -2003, establece que en todos los municipios se debe contar con un relleno sanitario, el cual sea un sitio apropiado en el que se depositen y se les dé tratamiento a los residuos sólidos o basura. Sin embargo, la gran mayoría de los gobiernos municipales del país no acatan estas medidas, provocando la contaminación del aire, suelo y agua en esos territorios. Por lo tanto, dichas normas oficiales se convierten en letra muerta, simplemente porque no existe instancia que los obligue a cumplir con las normas ambientales.

Los legisladores de la Cuarta Transformación estarán obligados a crear los marcos legales para hacer cumplir con esto que es fundamental, a fin de evitar la contaminación ambiental, la proliferación de enfermedades y la contribución al calentamiento global.

En ocasiones los gobiernos de la derecha hacían buenas leyes, pero para que al final nadie las cumpliera; eran como para demostrar buen gobierno y que todo quedará en buenas intenciones. Algunos funcionarios tenían oídos sordos de no cumplir con las disposiciones ambientales, al recibir sobornos de grupos empresariales que han destruido los bosques y recursos naturales por toda la república mexicana. Instituciones como la Procuraduría Federal para la Protección del Ambiente (PROFEPA), solo servían de adorno al cumplir las indicaciones de sus amos y señores de la derecha (PRI-PAN) en los seis sexenios de gobiernos neoliberales.

Las empresas mineras trasnacionales que fueron concesionadas mediante procedimientos irregulares por la derecha neoliberal, también han operado impunemente arrojando los residuos y sustancias tóxicas a ríos y arroyos, contaminando los terrenos de cultivo y el agua de consumo doméstico de las poblaciones.

Urge también al respecto que se incluyan datos importantes e información sobre el cuidado del ambiente en los contenidos curriculares de todos los niveles educativos, para que los niños desde temprana edad adquieran la conciencia de lo que ocasiona el ser humano con la explotación irracional de los recursos naturales y la inminente destrucción de los ecosistemas. Dichos contenidos se deben orientar y enfocar además a la modificación de estilos de vida y de consumo negativos, a fin de mejorar la salud de la población y el cuidado de la naturaleza.

g). Expropiación de bienes y servicios estratégicos para la nación

El gobierno de la república tendrá el compromiso de rescatar muchas de las casi mil empresas paraestatales que los gobiernos neoliberales malbarataron a sus parientes, amigos y empresarios trasnacionales. Se tendrán que revisar concesiones otorgadas en Pemex, la industria eléctrica, industria minera, medios de comunicación, puertos, aeropuertos, etc. Los bienes y empresas indispensables para el desarrollo de la nación, deben estar en manos del poder público, para que estos tengan como gran objetivo un mejor aprovechamiento de los recursos y que el pueblo sea el mejor beneficiario de la riqueza que se produzca.

h). Una política internacional a favor de los países pobres y de la promoción de la solidaridad entre los pueblos del mundo.

Los principios básicos del derecho internacional: la libre determinación de los pueblos, la no intervención, la igualdad soberana de los Estados, del arreglo pacífico de las controversias, la cooperación pacífica, la igualdad de derechos, la no amenaza y el uso de la fuerza en contra de otras naciones. El cumplimiento de estos principios son la base para el respeto entre los países.

Todos los pueblos del mundo tendrán que vivir la solidaridad y el apoyo mutuo ante la presencia de algún problema o eventualidad de cualquier tipo. En el caso de los gobiernos de América Latina que viven la etapa posterior a la invasión de la política neoliberal que padecieron durante varias décadas, deben de unir esfuerzos y crear lazos de colaboración para superar los problemas políticos, económicos y sociales que son comunes en la región, y para no permitir que estos gobiernos genocidas de la derecha regresen al poder. Se necesita informar sobre la realidad nacional, educar y concientizar políticamente a los pueblos, sobre todo gobernar con el esquema de democracia participativa.

3.3. Instauración de la república democrática y popular

A pesar de que se ha avanzado en México en la conquista de ciertas libertades democráticas, es indispensable que los diferentes niveles de gobierno municipal, estatal y federal asuman el compromiso ante los ciudadanos de erradicar todo tipo de conductas antidemocráticas, que los gobiernos de la derecha han promovido ante los ciudadanos.

Las conductas negativas se han fomentado a través de los Partidos políticos, de los sindicatos corporativos al servicio del gobierno, en las conductas nocivas de funcionarios públicos, los medios de comunicación al servicio de las empresas, las instituciones al servicio de los grupos de poder, y el sistema educativo para envilecer (o deformar) en lugar de formar a los individuos en valores humanos.

El gobierno de la Cuarta Transformación tiene una gran influencia en la ciudadanía que se volcó por completo en apoyar todas las iniciativas y propuestas del gobierno federal; sin duda que dicha influencia se debe a la figura del presidente Andrés Manuel López Obrador, que ha sido determinante en la gran aceptación del pueblo hacia este gobierno.

Para que la confianza siga en el pueblo en el próximo sexenio, se debe mostrar la misma o mejor capacidad para gobernar a favor de las grandes mayorías del pueblo. De lo contrario todo lo avanzado en términos de progreso social y democracia, se perderá y vendrá el subsecuente arribo al poder político de los grupos de la derecha, que no escatimarán esfuerzos ni recursos en tratar de conseguirlo.

Esto ya ha sucedido en América Latina, que después de gobernar muy bien la izquierda, regresaron los de la derecha, como en los casos: Brasil (el regreso de la derecha con Bolsonaro en 2018), Nicaragua (el regreso de la derecha con Violeta Chamorro en 1990), Argentina (el regreso de la derecha con Mauricio Macri en 2015), Uruguay (el regreso de la derecha con Luis Lacalle en 2020), Ecuador (el regreso de la derecha con Guillermo Lasso en 2021), entre otros.

El común denominador de estos países en los que regresó la derecha al poder en América Latina es, además, por la falta de consciencia política en el pueblo, como bien lo concluyen los analistas políticos. En algunos casos porque la población siguió observando y viviendo conductas antidemocráticas y autoritarias en la forma de gobernar de los gobiernos de izquierda.

En todos los países donde ha gobernado la izquierda experimentaron: reducción de la pobreza, buen crecimiento económico, mejoraron el índice de desarrollo humano como en los países desarrollados, combatieron la inseguridad, mejoraron los servicios sociales, etc.; sin embargo, en los 5 países mencionados regresó la derecha al poder. Esto mismo podría pasar en México en el 2030, si no se mejora la conciencia política de los ciudadanos a través de la educación, la democracia participativa y otras medidas como lo hemos venido señalando.

El gobierno federal estará obligado a permanecer atento a la forma de gobernar en los diferentes Estados y municipios de la república mexicana gobernados por MORENA y velar para que sean autoridades que apliquen la misma política social federal en todas las instituciones estatales y municipales, que como se sabe, algunos son gobernantes que provienen de las filas de la derecha y sus formas de ejercer el poder podrían ser cuestionadas por los ciudadanos que cada vez son más críticos ante las injusticias sociales. El gobierno federal, a través de sus instancias, tendrá el deber de contribuir al buen gobierno en las diferentes entidades de la república.

3.4. El poder en manos del pueblo

La democracia significa que el poder político es del pueblo, por el pueblo y para el pueblo; es decir, que la democracia tendrá que ser efectiva en todos los ámbitos de la vida en sociedad, será una forma de vida en la que todos los miembros de la sociedad tengan igualdad de derechos. Se entiende, que todo ciudadano tiene derecho a elegir a sus representantes, así como a ser elegidos. Estamos hablando de una sociedad en la que a nadie se le manipula, se le explota, ni se ejerza control alguno para hacerlo pertenecer a un grupo social, político, religioso, etc.

En México los gobiernos estatales y municipales en su mayoría hasta la fecha, son electos aparentemente por los ciudadanos, pero en realidad el factor dinero es determinante para decidir quién debe competir y quien no. Un ciudadano cualquiera por muy preparado que esté y por buen ejemplo que sea como ciudadano, no podrá ser gobernante porque para ello necesita o tener dinero para costear la campaña o tener un buen patrocinador que lo financie. La tradición política en México es que los Partidos políticos lo primero que ven en los aspirantes es que cuenten con los suficientes recursos para invertir en los gastos de campaña. Dinero que por supuesto, recuperarán al asumir el cargo público.

Hay un gran descontrol en los gastos de campaña que hacen los Partidos políticos, se gastan millonadas sin importar que rebasen el tope en gastos permitidos por la ley. Los recursos se invierten principalmente en acarreos de personas a las asambleas, propaganda, compra de votos, entrega de despensas y otras regalías para persuadir la intención del voto a favor de candidato alguno.

Se tiene el antecedente de que los ciudadanos no le tienen la confianza a la autoridad electoral, para hacer valer los recursos de inconformidad ante un delito electoral. Infinidad de estos recursos son fácilmente desechados por las prácticas de impunidad y burocratismo con la que se han caracterizado estas instituciones.

Cuando los procesos electorales se hagan ante la sociedad con una limpieza incuestionable, será eso el inicio para forjar una cultura política orientada a la democracia participativa, como la mejor forma de vida que la ciudadanía deberá tener en su relación para una mejor convivencia.

Los aspirantes a las candidaturas del Partido MORENA, deberán ser de tal manera que personas pobres, ricos o clase media, puedan participar libremente a cualquier cargo de representación popular. Lo que se tendrá que reconocer por parte de los ciudadanos son sus proyectos políticos, capacidad de servicio e ideas respecto a la transformación que la sociedad requiere, basadas en los valores y principios humanistas a favor de las mayorías.

Los procesos internos serán eminentemente democráticos para que nadie los cuestione y para mantener la unidad entre los aspirantes, al mismo tiempo darle señales al pueblo de cómo se debe ejercer la democracia cuando el pueblo tiene realmente el poder político. Jamás un Partido político deberá seleccionar a sus candidatos a través de negociaciones o de acuerdos cupulares entre personas que represente intereses oscuros a espalda de los militantes del Partido o del pueblo en general.

El pueblo solo tendrá el poder cuando los ciudadanos:

· Se sientan seguros y confiados al caminar por las calles de ciudades y pueblos sin temor a ser lastimados.

· Cuando sientan que las instituciones están al servicio de todos sin distinción de clase social, religión, nivel socioeconómico o grupo social al que pertenezca.

· Cuando se respeten los derechos sociales más fundamentales: a tener una atención de calidad en la salud, a la educación gratuita y de calidad en todos los niveles, a la libertad de expresión, a la libertad de ejercer la profesión que más le convenga, al derecho a tener un empleo que le permita vivir dignamente, al derecho a participar en la organización política o social que más le convenga sin temor a ser señalado, entre otros más.

· Cuando sientan que los políticos están en un cargo por vocación y capacidad de servicio y no para conseguir beneficios personales como la gran mayoría lo hace en México.

· Cuando sientan que cualquier mexicano puede acceder a cualquier cargo en el poder público sin que su nivel socioeconómico sea un impedimento.

· Cuando sientan que la corrupción y la impunidad son vicios que ya no existen en la sociedad.

· Cuando exista justicia social, auténtica democracia participativa e igualdad en todos los ámbitos de la vida social.

3.5. La educación política, una tarea difícil pero trascendental para concientizar a los ciudadanos

Empezaremos diciendo que la ética política se trata de una disciplina de la filosofía y de la filosofía política que se refiere a la conducta humana y su relación con las nociones del bien y el mal, aplicado a las personas que trabajan para los demás. Se entiende que la ética en la política significa la legalidad que gobernantes y gobernados tienen que seguir bajo las reglas democráticas establecidas por la sociedad, para transitar hacia una sociedad en la que se practiquen las libertades democráticas como forma de vida.

La crisis de valores permea a la ciudadanía en general afectando a los gobernados, quienes carecen de una ética política que los convierte en individuos irresponsables en sus deberes y derechos políticos (apáticos, conformistas, paternalistas, etc.), por lo que son los ciudadanos los que necesitan educación política y mejorar su desempeño en la sociedad. Esta es una tarea que los partidos de izquierda progresista deben realizar; ya que para la derecha conservadora será más fácil el control de la sociedad si esta se encuentra desinformada, desorientada y políticamente analfabeta.

Todo Partido político de izquierda progresista que no eduque políticamente a sus miembros en los ideales, valores, principios filosóficos y humanistas, estará destinado irremediablemente al fracaso. Incluso se puede afirmar, que las sociedades optan por una opción política diferente, cuando sienten que el Partido político que los gobierna, ya no responde a los intereses de las mayorías y por lo tanto su discurso político deja de tener vigencia ante los ciudadanos al existir discordancia entre lo que se dice con lo que se hace.

El Partido MORENA se tiene que convertir en el principal instrumento para la educación política del pueblo. Un Partido político progresista, como impulsor de los cambios sociales, tiene la obligación de educar a través de conocimientos y valores suficientes en todo lo que se refiere al ejercicio del poder.

Concebir la acción política como el acceso al poder público para servir a la sociedad es el concepto que todo ciudadano debe tener. Conocer de política no corresponde únicamente a los militantes, simpatizantes y dirigentes de un Partido político; aunque cabe aclarar, que por ahí se debe iniciar con la educación política. Es lógico suponer que cualquier militante o dirigente de MORENA, tendrá claro que la educación política estará encaminada básicamente al ejercicio de la ética política entre los ciudadanos.

Todo miembro de un Partido político de izquierda progresista tiene el deber de:

a). Conocer los derechos y deberes de todos los dirigentes, militantes y simpatizantes del Partido político progresista como impulsor de los cambios sociales.

b). Promover y fomentar ante la sociedad los derechos y deberes políticos y sociales de todos los ciudadanos en general.

c). Promover y fomentar el ejercicio de las libertades democráticas de todo el pueblo en general a través de la práctica política.

d). Promover los principios de la democracia participativa como el mejor medio para lograr el desarrollo de los pueblos.

Como una institución política, el gran objetivo de MORENA, es el de capacitar políticamente a sus militantes y dirigentes para que toda persona que acceda al poder mediante algún cargo público, sea de elección popular o como funcionario, tenga perfectamente claro que su función será llevarle un servicio social a los ciudadanos y que su misión será atender con calidad y en todo momento el servicio institucional que le fue asignado.

Los valores de justicia, libertad, equidad, democracia, respeto y solidaridad, estarán presentes en la capacitación política que se dé a los representantes, dirigentes, militantes, simpatizantes y ciudadanos en general. Son estos los valores que marcarán el rumbo a seguir por las sociedades que transiten hacia un futuro que se construya por todos y para todos, porque solo así se podrá hablar del progreso y desarrollo con justicia social. Además de proveerles los conocimientos necesarios que ayuden a la organización y participación de todos en las tareas que se realicen por el Partido en bien de las mayorías.

El servicio educativo y los medios de comunicación, son dos grandes instrumentos que podrán ayudar a mejorar la conciencia política de la sociedad en general, de ahí la importancia de que se deben democratizar estas dos instancias y ponerlas al servicio de los ciudadanos. Sin duda que no es fácil esta tarea, pero tampoco imposible, y mucho el beneficio que podrían darle a esta nación donde los valores, los principios y las buenas relaciones de convivencia, se han resquebrajado por los vicios con los que han operado estas dos instancias a través de los años a favor de intereses mezquinos.

3.6. Las instituciones al servicio de la sociedad

En México las instituciones que conforman el Estado mexicano, funcionan en la actualidad con muchos vicios del pasado que no se han podido erradicar en este periodo de transición de la Cuarta Transformación. El tortuguismo, el burocratismo, el tráfico de influencias, la corrupción, etc., son algunas características que hacen que tengan una función obsoleta frente a la gran cantidad de problemas que enfrenta la población a la hora de realizar un trámite administrativo.

Las instituciones sociales del gobierno democrático y popular que habrán de instaurarse en México en el próximo sexenio (2024-2030), tendrán un desempeño muy renovado y diferente a las instituciones obsoletas que los gobiernos de la derecha tenían desde hace varios sexenios. Las instituciones cumplían una función de proteger los intereses de los grupos empresariales o de los grupos de poder que eran los amos y señores en el tráfico de influencias y en el oscuro manejo de los recursos públicos.

Las instituciones robustecidas socialmente son las que le otorgan un servicio al pueblo, es decir, serán las entidades democráticas en las que los ciudadanos concebirán que en ellas recae el poder popular para lo que fueron creadas.

3.7. La inseguridad social: Una asignatura pendiente

El poder judicial se encuentra cooptado por los grupos de poder fácticos, la oligarquía mexicana y por los gobiernos locales en México, esto es una realidad que se tiene que afrontar con inteligencia. El propio presidente López Obrador lo ha manifestado en la conferencia mañanera del 19 de octubre de 2023, que el poder judicial es una concesión que el priismo le otorgó al PAN en los anteriores gobiernos, cuando se unieron para entregar los recursos y bienes de la nación.

Es una realidad también que la causa de la inseguridad y violencia desbordada que padecemos los mexicanos, se debe en gran medida a la crisis de este poder público que opera con infinidad de insuficiencias institucionales en toda la república mexicana. Fue a partir de allí que ese poder se ha utilizado para proteger intereses de las altas cúpulas del poder económico y político, y a la vez para defender sus propios intereses y privilegios, como son los elevados sueldos y prestaciones económicas de los altos funcionarios de ese poder público, como los magistrados de la Suprema Corte de Justicia de la Nación, con ingresos mensuales que ascienden a los 700 mil pesos mensuales, como lo ha manifestado el mandatario mexicano por repetidas ocasiones.

Todos los vicios que viene arrastrando este poder público en México, lo convierten en una institución burocratizada y obsoleta, que su funcionamiento gira en torno a la impunidad y a la corrupción. Vivimos en un país donde reina el crimen, los grupos fácticos, la delincuencia de cuello blanco y el tráfico de influencias. Todo esto nos convierte en un país inseguro donde la gente sale a sus trabajos y no sabe si regresará, donde el ciudadano se acuesta a descansar y no sabe si le caerán los delincuentes para hacerles daño, donde miles de personas prefieren vivir encerrados en sus casas ante el temor a ser dañados por los maleantes.

El poder judicial es un claro ejemplo de que urge modificar el proceder de las instituciones, ya que son las que regulan el buen desempeño de los individuos en la solución de sus necesidades sociales para la buena convivencia. Según el comunicado de prensa del INEGI (2022) en el que se dieron a conocer los resultados de la encuesta nacional de victimización y percepción de seguridad pública, el 93.2 % de los delitos no se denuncian, por lo que ni siquiera se abren carpetas de investigación. Esto porque la población no cree en la forma en que se imparte la justicia mexicana al sentirse desprotegidos ante el crimen y la delincuencia.

Las altas tasas de homicidios en México todavía son alarmantes, a pesar de que se ha registrado una leve disminución en los últimos años, según consta en los reportes dados a conocer por INEGI respecto a estos delitos: en 2020 se registraron 36 579, en 2021 fueron 35 625 y en 2022 un total de 32 223 homicidios.

Se requiere darle funcionalidad al poder judicial, es conveniente una renovación profunda del marco legal de esta importante institución, que tendrán que hacer el poder ejecutivo y legislativo, realizando los procedimientos jurídicos y legislativos necesarios para romper con los vicios que se vienen arrastrando desde los pasados gobiernos de la derecha, donde este poder ha operado con graves deficiencias. Todas las instancias que conforman este poder, desde arriba hasta abajo, requieren cambios radicales: Suprema Corte de Justicia, el Tribunal Electoral, los Tribunales de Circuito (Colegiados y Unitarios), los Juzgados de Distrito y el Consejo de la Judicatura Federal.

El sistema penal acusatorio que se inició en México desde el 2008, no ha tenido los resultados esperados. Dicho sistema cuyo objetivo era lograr una justicia pronta y expedita para esclarecer los hechos, proteger al inocente, sancionar al culpable y reparar los daños causados por el delito; todavía sigue siendo letra muerta para la ciudadanía, ante vicios como la corrupción y la impunidad que prevalecen en este poder público.

El gobierno de la Cuarta Transformación en el próximo sexenio que seguramente estará en manos de la Doctora Claudia Sheinbaum Pardo de izquierda progresista del Partido político MORENA, tiene una gran tarea frente a la sociedad ante el grave problema de violencia e inseguridad que los mexicanos estamos viviendo. A decir de algunos expertos, estamos secuestrados por el miedo, la incertidumbre y la desconfianza por los grupos delincuenciales que operan con toda impunidad desde hace muchos años en todas las regiones de México.

El mejor camino para resolver este grave problema, es sin duda atendiendo las causas que originan el problema: una mejor educación para niños y jóvenes, atender los rezagos educativos, mejores oportunidades de empleo, combatir las desigualdades sociales, apoyos extraordinarios para la cultura, el arte, el deporte, la ciencia, etc., además de profesionalizar a los elementos que integran los órganos de impartición de justicia, creo que serían excelentes medidas.

El gobierno progresista tiene que resolver el grave problema de un poder judicial destrozado por la impunidad, la corrupción y el tráfico de influencias. Además, tendrá que ser mediante la participación democrática y activa de los ciudadanos, con el fin de hacer valer el derecho de los ciudadanos a tener seguridad y tranquilidad en sus hogares, en sus trabajos y en las calles.

3.8. Una atención médica gratuita y de calidad para toda la población.

A pesar de que se ha aumentado considerablemente la cobertura en el sistema de salud pública en México, para el próximo sexenio se tendrán que redoblar los esfuerzos en mejorar este servicio. El actual sexenio ha tenido que afrontar no solo los intereses de la industria farmacéutica que por muchos años ha metido las manos al sistema de salud mexicano, sino también a un sindicato corporativo que se había desempeñado como amo y señor del sistema de salud pública en México. Algunos estados gobernados por la derecha, acostumbrados al sucio manejo de los recursos, se han opuesto a proporcionar el servicio médico de acuerdo a las nuevas disposiciones oficiales del gobierno federal.

La obesidad y la diabetes en México

Un reflejo de lo mal que se ha orientado en este país la salud pública, es a lo que nos han dado a conocer recientemente los organismos de salud respecto a estas enfermedades que son ocasionadas por los malos hábitos alimenticios, tanto en la población infantil como en adulta. Se da a conocer en información oficial que "de acuerdo con la Organización Mundial de la Salud, México puede ser considerado como un país mayormente mal nutrido, ocupa el primer lugar en obesidad infantil" (Gobierno de México, 2021). Se informa también a través de la fuente oficial, que ocupamos el segundo lugar en obesidad en la población adulta.

En México las enfermedades relacionadas con la obesidad son un problema considerado como de salud pública, según datos del IMSS (Instituto Mexicano del Seguro Social), las tres enfermedades: la diabetes mellitus, la hipertensión arterial y una derivada de estas, la insuficiencia renal; en 2020, el instituto reportó que el gasto estimado para atender estas enfermedades fue del orden de 58 000 millones de pesos (Tapia, 2021).

Para el próximo sexenio se tendrá que cubrir al 100 % la cobertura nacional con atención médica y medicamentos de acuerdo a como lo demanda la población. Atender la problemática de salud desde su prevención sería un buen propósito, además de reestructurar a fondo el sistema de salud nacional para acabar con el burocratismo en la atención de las enfermedades, sobre todo a la población más vulnerable como los infantes, ancianos, discapacitados, grupos indígenas y personas de escasos recursos económicos. En algunos Estados de la república los rezagos en materia de salud son verdaderamente alarmantes; tales como en Veracruz, Puebla, Chiapas, Oaxaca y Guerrero.

Sin duda que se requiere aumentar el presupuesto para equipar hospitales, mejorar la infraestructura hospitalaria, preparar al personal médico, surtir medicamentos; además de invertir en investigación médica científica como lo hacen las economías mundiales. Actualmente se destina en México poco más del 3 % del PIB en inversión a la salud, lo que quiere decir que se debe aumentar considerablemente el presupuesto en los próximos años para atender la demanda nacional.

A pesar de los citados esfuerzos que el gobierno de la Cuarta Transformación ha hecho en México, urge que se aumenten los recursos para atender este rubro que se descuidó durante muchos años por parte de los gobiernos; cabe señalar, que la Organización Mundial de la Salud (OMS) y la Organización Panamericana de la Salud (OPS), recomiendan que un país debe invertir en salud cuando menos el 6% del Producto Interno Bruto.

Se requiere reforzar los contenidos educativos desde el nivel básico para que a los niños se les proporcione una educación para la salud que tanta falta hace.

- Un Comité de Salud en cada barrio, colonia o comunidad

A los comités de salud que se habrán de instalar en cada barrio y comunidad, se les tendrá que educar en todos los temas que tienen que ver con la prevención de enfermedades en el seno de sus hogares: primeros auxilios, salud reproductiva, prevención de adicciones, higiene alimenticia, los valores en la familia, nutrición familiar, cuidado del ambiente, accidentes, epidemias, entre otros.

Los comités tendrán una comunicación directa y permanente con las autoridades sanitarias locales, ya que serán los primeros responsables para la debida atención de los habitantes. Cabe mencionar que este tipo de organización ya se había hecho en el pasado, solo que no se les brindó un apoyo de calidad y han quedado desprotegidos del servicio sanitario. Ahora con su colaboración bajo el enfoque de democracia participativa, ya no solo atenderán disposiciones unilaterales de las autoridades sanitarias, sino que sus decisiones serán tomadas en cuenta como verdaderos aportes que vendrán a aumentar su productividad en un mejor servicio sanitario para la población.

Este comité de salud en cada comunidad, barrio o colonia tendrá una función muy importante, ya que se estará coordinando con el comité de educación que también se estructurará de la misma manera, para que juntos actúen en la atención de los dos importantes servicios sociales; tanto de la problemática de salud, como lo referente a la educación en la comunidad, barrio o colonia. En esta importante estructura institucional, tendrá una función destacada tanto el personal de salud como el personal de cada centro educativo que opere en dicha comunidad. Desde luego que la autoridad municipal y estatal deberán coordinar esfuerzos para apoyar todos los programas que la autoridad federal echará a funcionar.

El ejemplo de Cuba en salud

Importantes aportes existen en el mundo sobre la atención de la salud, por ejemplo, el sistema de salud cubano es uno de los mejores de América Latina por atender en forma universal y regional a toda la población nacional, tanto de la zona urbana como la rural. El modelo de atención denominado APOC (Atención Primaria Orientada a la Comunidad), ha sido el eje articulador en haber logrado los buenos resultados en la atención y prevención de las enfermedades de toda la población.

Este extenso servicio de salud, contempla acciones de las autoridades sanitarias, así como la participación de las familias de todos los barrios y comunidades quienes tienen una coordinación oportuna y exacta que les ha permitido tener los registros poblacionales de todas las necesidades de atención en la salud de cada individuo, familia y comunidad.

Organismos internacionales reconocen al modelo de atención primaria que se ha logrado desarrollar en Cuba, como uno de los mejores a nivel mundial.

La Organización Mundial de la Salud (OMS), la Organización Panamericana de la Salud (OPS), el Banco Mundial de la Salud, entre otros; así como las revistas médicas The Lancet, Science y The New England Journal of Medicine, lo presentan como el modelo a seguir para los países en vías de desarrollo, así como un camino que explorar para las naciones más desarrolladas (Lamrani,

2012). Cuba es de los países de América Latina que invierte más en salud, actualmente es alrededor del 13% del PIB.

La esperanza de vida actualmente en Cuba es 78.3 años, en Finlandia es de 82, mientras que en México es de 71 años. Estos datos se deben básicamente al tipo de atención médica que la población de cada país recibe, así como de la alimentación, educación, vivienda, etc. En estos ejemplos citados, los tres países tienen sistemas de salud pública extensiva y gratuita para toda la población, solo que en el caso de México presenta graves deficiencias en todos los aspectos.

3.9. La educación como instrumento de transformación hacia una sociedad más justa e igualitaria.

La educación es el inequívoco camino de transformación a seguir por los pueblos para llegar a ser una sociedad con un mejor desarrollo social, cultural, económico, etc., a decir de la autora Iovanovich (2003) "Mi postulado preferido de Paulo Freire es: Nadie educa a nadie; nadie tampoco se educa solo; los hombres se educan entre sí, mediatizados por el mundo". Una persona en realidad aprende en la escuela, de los medios tecnológicos, los libros, los amigos, sus padres, profesores, etc.

Bajo este precepto, los modelos educativos de todos los países, deben ser renovados y actualizados constantemente en los contenidos curriculares de todos los niveles educativos, a fin de poder incluir constantemente los nuevos avances científicos y tecnológicos del conocimiento. Los métodos de enseñanza tradicionales y conductistas frente a la diseminación extensa que existe del conocimiento por el uso de las nuevas tecnologías, resultan ser obsoletos, ya que ahora lo importante no es enseñar conocimientos, sino desarrollar en el alumno las capacidades y habilidades creativas que le permitan desarrollar el pensamiento crítico, creativo y reflexivo.

El aprender a aprender (es lo mismo enseñar a pensar), que es uno de los grandes propósitos del nuevo modelo educativo de la Nueva Escuela Mexicana, solo se podrá lograr cuando el docente se convierte en motivador, facilitador y coordinador de los nuevos aprendizajes.

El ejemplo de Finlandia en educación

Finlandia, por ejemplo, uno de los países que integran la OCDE, se ubica en primer lugar a nivel mundial en educación, según los resultados de las pruebas PISA aplicadas en todos los países miembros de esa organización, entre ellos México, las cuales son aplicadas a los alumnos de 15 años. Los alumnos finlandeses muestran mejores niveles de comprensión de la lectura, desarrollo del pensamiento matemático y aprendizaje de las ciencias.

En PISA 2018, los estudiantes mexicanos obtuvieron un puntaje bajo en relación al promedio de la OCDE en lectura, matemáticas y ciencias. En México, solo el 1% de los estudiantes obtuvo un desempeño en los niveles de competencia más altos (nivel 5 o 6) en lo que se refiere a habilidades en la comprensión lectora. Lo que quiere decir que solo el 1 % de los alumnos mexicanos son capaces de comprender los textos que leen (OCDE, 2018).

El sistema de educación pública finlandés es la mejor garantía de sus buenos resultados en este rubro, destinando en gasto anual alrededor del 12 % del PIB. La participación de la sociedad y padres de familia en la educación, ha sido determinante en los resultados que esta nación ha logrado por varios años.

El sistema de enseñanza no le da prioridad a los concursos ni competencias, sino que se educa con base en las necesidades de aprendizaje de cada uno de los alumnos, forjándose así un sistema diferenciado en los grupos. Para ser maestro en Finlandia se requiere demostrar una buena preparación profesional y contar con título de maestría en alguna disciplina educativa.

La educación en Cuba, ejemplo para el mundo

A Cuba se le reconoce por parte de la UNESCO como uno de los países que son ejemplo ante el mundo en cobertura y avances en la educación, esto gracias a los resultados de importantes programas educativos, a la excelente preparación que se les da a los profesores y sobre todo por el involucramiento de las comunidades en las acciones educativas. Lo anterior es por los resultados que fueron reflejados en el Informe Mundial para el Seguimiento de la Educación 2020 (Informe GEM 2020) en el artículo titulado "UNESCO reconoce sistema de educación en Cuba durante el 2020".

En este sentido, los mejores aprendizajes que las instituciones educativas deben promover, son los que estén encaminados a la resolución de las necesidades de aprendizaje que los alumnos poseen, desde luego que dichas necesidades dependen de la realidad social o contexto en el que el alumnado vive.

El sistema educativo mexicano con el gobierno de izquierda progresista de Andrés Manuel López Obrador, ha dado pasos importantes al innovar algunos rasgos del actual modelo educativo que se está implementando a partir de este ciclo escolar 2023-2024.

El enfoque ideológico que la política neoliberal ha introducido al modelo educativo con el que se ha "educado" a las generaciones durante los 36 años que operó en México, estaba orientado a elevar la capacidad productiva de los estudiantes, que en el futuro serían mano de obra calificada para servir a la empresa "modernizada", mediante el uso de las nuevas tecnologías que supuestamente llegarían a toda la población con la inminente globalización mundial.

Los valores promovidos por la derecha en México principalmente a través de la educación y los medios de comunicación masiva, fueron "el valor al dinero", "el valor a lo material", "la ganancia económica", "el éxito y la superación personal", "competir para ser mejor y tener más", etc., eran los que debían ser asimilados por los niños para tener "una vida plena y de felicidad", es decir orientados hacia la formación individualista del alumno.

Como lo afirmaba el sociólogo y pedagogo francés Émile Durkheim a principios del siglo pasado, "el hombre que la educación debe plasmar dentro de nosotros, no es el hombre tal como la naturaleza lo ha creado, sino tal como la sociedad quiere que sea; y lo quiere tal como lo requiere su economía interna" (Basozabal,2005). De allí que lo que las sociedades neoliberales hicieron, fue intentar homogeneizar a través de la educación a los individuos en una cultura común a sus intereses.

Un reflejo de lo que se hizo en México en este periodo, se puede apreciar con la proliferación de las universidades tecnológicas y las instituciones de carácter empresarial, en estos años que se aplicó la política económica neoliberal, donde se argumentó una y otra vez que había que prepararse para "la modernidad tecnológica".

Por otra parte, las instituciones educativas de literatura, filosofía, humanidades entre otras, no solamente no se incrementaron, sino que las existentes no tuvieron apoyos por parte del Estado. Recordamos que el gobierno panista de Vicente Fox (2000-2006) quitó la asignatura de educación cívica en los programas de estudio del nivel básico e intentó hacer lo mismo en educación media superior, quitando la asignatura de filosofía, cosa que no pudo llevar a cabo.

Es necesario contrarrestar esos valores humanos que como ya se ha comentado en este material, han sufrido un gran deterioro al grado que se ha convertido esto en un problema de relaciones humanas en el que la solidaridad, la buena convivencia y las relaciones afectivas se ven afectadas. Por consiguiente, existe la necesidad de implementar acciones que humanizan a los niños enseñándoles a colaborar y ser solidarios con sus compañeros, respetarse, que conozcan sus derechos humanos, ayudar al trabajo del hogar, ser atento y educado con sus padres y maestros, servir a su comunidad, a su patria y muchos más (2022, Gurrola).

La renovación al modelo educativo que entró en vigor a partir de este periodo escolar (2023-2024), que se denomina La Nueva Escuela Mexicana (NEM) cuyos contenidos ya se están trabajando en las escuelas de educación básica actualmente, es una gran oportunidad para hacer efectivos los enfoques propuestos en los planes y programas de estudio, al concebir una formación crítica, humanista y comunitaria.

- Un Comité de Educación en cada barrio, colonia o comunidad.

En todos los barrios, colonias y comunidades del país se tendrá que conformar un comité de educación, que se encargue de gestionar y velar para que en esa comunidad se lleve a cabo una atención de calidad en el servicio educativo, basado en las necesidades educativas de la población infantil y educación de adultos.

Si hay alguien que tiene contacto directo al interior de las propias comunidades y barrios, son las escuelas por su capacidad de movilización y de organización, es por eso que el Estado debe aprovechar este potencial, que son los profesores del nivel básico y/o medio superior, para implementar acciones en las que participen en actividades que logren involucrar a todos los miembros de la población, en labores educativas que inciden en mejorar el nivel educativo de todos, además promover la democracia participativa en donde todos tengan algo que aportar en el bienestar de la comunidad.

Con estas acciones de educación comunitaria, quien saldría ganando serían los alumnos, ya que, a mayor participación de los padres de familia en la educación de sus hijos, mayor será el beneficio educativo de ellos.

La autoridad federal deberá propiciar mediante mecanismos institucionales que, tanto el comité comunitario, el comité de salud y el comité de educación, se coordinen para realizar el conjunto de actividades en beneficio de la educación y de la salud de las propias comunidades, barrios o colonias.

Algunos ejemplos de actividades que estos comités de educación podrían realizar en sus comunidades, serían las siguientes:

a).   Actividades deportivas y culturales

b).   Gestionar mejoramiento equipamiento y de infraestructura hospitalaria y educativa

c).   Campañas de salud en la escuela y comunidad

d).   Jornadas de limpieza y cuidado del ambiente.

e).   Tratamiento de basura orgánica e inorgánica.

f).   Campañas de alfabetización y educación de adultos

g).   Campañas de reforestación en la escuela y comunidad

h).   Buscar la coordinación entre autoridad educativa, autoridad sanitaria y autoridad civil de la propia comunidad.

- La coordinación de los tres Comités en las comunidades, barrios o colonias

El comité comunitario, el comité de educación y el comité de salud, habrán de llevar a cabo un sinnúmero de actividades que ayuden básicamente a los alumnos, así como al cúmulo de actividades que benefician la salud de los habitantes y sus necesidades sociales en general.

Con la participación de los docentes, alumnos, padres de familia, personal médico y miembros de la población, unirán esfuerzos en trabajar por el bienestar y desarrollo de la comunidad. Es claro que esas instancias apoyarán los trabajos que otras dependencias realicen en beneficio de la comunidad.

Lo principal sería que, entre todos bajo una buena coordinación, se podrían atender los problemas que afecten en forma común a la comunidad. Una buena intención sería también cuidar que los programas sociales que operan en la comunidad se ejecuten en términos de equidad, justicia y democracia participativa, de tal forma que nadie se vea afectado o discriminado por alguna autoridad o personas abusivas. Esta coordinación entre comités de la comunidad servirá también para cuidar el bienestar comunitario, promover la buena convivencia y concordia entre todos los pobladores vecinos.

Ante cualquier servicio que en la comunidad se dé por alguna dependencia, estos representantes de la comunidad serían los que faciliten con su participación que las obras, beneficios sociales, servicios, etc., se realicen con el mejor éxito posible.

3.10. Los medios de comunicación en manos del pueblo y para su servicio

El derecho a la información tiene que ver con la participación de las y los ciudadanos en los asuntos públicos y con el derecho a contar con información veraz. El reconocimiento de este derecho deriva de clasificar la información como un bien necesario para que los miembros se involucren en los asuntos de la comunidad. Es un deber del Estado defender ese derecho.

Los grandes empresarios de los medios de comunicación quieren el poder absoluto como el que detentaron algunos reyes y emperadores:

a) Persiguen estar situados encima de la ley.

b) Ser completamente irresponsables, ya que desean que sus actos no se puedan impugnar jurídicamente.

c) Que su voluntad sea la única ley y las libertades de los demás se subordinen a la suya.

d) Hacen valer los derechos humanos como escudo a su arbitrariedad, pero hay desprecio y aversión a los derechos humanos de los demás individuos.

Así como los reyes justificaban su poder absoluto en el derecho divino, ahora los medios de comunicación en México, quieren justificar el suyo en la libertad de expresión a la cual desfiguran y pervierten para defender su "absolutismo". La libertad de expresión es un derecho fundamental de especial importancia al que siempre hay que defender, pero la libertad de expresión no es el derecho a mentir; no es sinónimo de difamación y calumnia; no es el derecho a desdibujar; alterar o maquillar la realidad; no es el derecho a confundir a la audiencia; no es el avasallamiento de los otros derechos humanos; no es la sustitución de los tribunales; no es el derecho a crear nuevas inquisiciones (Carpizo, 1999).

Resulta paradójico que los medios de comunicación que han surgido históricamente como medios para hacer valer las libertades de los individuos: la pluralidad, la libertad de expresión, la no discriminación, etc., se estén usando en la actualidad con fines de sometimiento y manipulación por parte de las empresas, para satisfacer sus intereses particulares en contra de las clases mayoritarias de la sociedad.

Los medios de comunicación en México están al servicio de las empresas y de los poderes económicos en general. No les importan los derechos de la ciudadanía a estar informados ni que la información sea veraz y oportuna. Además, defienden los derechos de las clases altas, de la gran empresa capitalista, de los grupos fácticos aliados, de la derecha, del clero conservador, de las asociaciones de ultraderecha (los grupos provida, La Unión Nacional de

Padres de Familia, El Yunque, los Partidos de derecha conservadora como el PAN, PRI y PRD).

Los medios como la televisión, la radio y la mayoría de los medios impresos en México, sostienen una guerra ideológica en contra de las organizaciones progresistas: de izquierda, independientes al poder, de corte socialista y todas las agrupaciones que se declaran anticapitalistas, antiimperialistas y defensores de los derechos humanos. Fomentan a diario la ideología neoliberal, bombardeando a la población con mensajes cargados de antivalores y creando estereotipos sociales negativos basados en el individualismo, la soberbia, la discriminación, el amarillismo, el racismo, el clasismo y prejuicios que tratan de imponer a toda costa, principalmente a los jóvenes.

Los jóvenes como se sabe, son los principales impulsores de los cambios sociales en todos los países, por esta razón, a ellos van dirigidos todo tipo de mensajes cargados de prejuicios para hacer de ellos seres pasivos y apáticos alejados de las luchas sociales y sumidos en la violencia callejera, los vicios, las modas, los juegos, etc.

Los monopolios en México: TelevisaUnivisión y TV Azteca

Estas dos grandes empresas en México junto con sus cientos de estaciones de radio y canales de televisión distribuidos en todos los estados de la república, controlan la mayor parte de la audiencia que utiliza radio y la televisión. El maridaje que ha existido entre estos consorcios de la comunicación en México y el poder económico, los ha pervertido en su función, convirtiéndolos a ambos en una alianza perversa en la defensa de sus intereses particulares e ideológicos.

Esta situación ha alejado a los medios de comunicación de llegar a tener una función positiva que le ayude al país a transitar hacia el progreso social y hacia las libertades democráticas. Disolver esas alianzas entre los grupos del poder económico y los monopolios de la comunicación es una gran tarea para la próxima administración federal de izquierda progresista.

Al disolver esa alianza, convertiría a dichos medios en auténticos instrumentos que ayudarían en las importantes tareas que la nación necesita como llevar cultura a la sociedad, promover los valores humanos, mejorar los hábitos de consumo, transmitir información verdadera, apoyar las tareas educativas, etc.

Mientras no se democraticen estos medios de comunicación que resultan nocivos para el avance de la democracia y el progreso, seguirán enajenando y envileciendo a la población en general. El Estado de izquierda progresista en México tiene el deber de actuar ante estos intereses apátridas realizando los cambios constitucionales necesarios y hacer de esos medios:

· Espacios democráticos donde los ciudadanos ejerzan sus derechos al manifestarse a través del arte, la cultura, la música, la danza, el deporte, etc.

· Verdaderos espacios que sirvan para que la sociedad esté más informada del acontecer nacional e internacional, donde la información no sea tergiversada o sesgada a favor de intereses empresariales o de grupos económicos y políticos.

· A tener una diversión y entretenimiento para niños y jóvenes que contribuyan al sano desarrollo de su personalidad sin amarillismo, morbo, violencia, prejuicios, dogmas religiosos, etc.

· Espacios que ayuden a los ciudadanos a tener una alimentación saludable que les permita vivir mejor y educarse en la prevención de enfermedades.

· Espacios que eduquen a la ciudadanía en los valores sociales a fin de humanizar a la población y tener mejores relaciones de convivencia y desarrollo psicológico.

Las redes sociales afortunadamente en México, han servido para que los mensajes políticos y la información de los grupos progresistas, lleguen a la mayoría de las poblaciones de la república mexicana. Cada vez son menos los usuarios que utilizan los medios convencionales como la radio, televisión, periódicos, entre otros. Esto por la facilidad al utilizar el móvil, la tablet y la computadora por los bajos costos que representa el uso de estos dispositivos.

Ante la diseminación que existe ahora de la información, sobre todo en internet, se debe innovar el modelo educativo en México en todos los niveles con métodos de enseñanza acordes a los nuevos avances tecnológicos.

Ahora ya no es enseñar conocimientos a los alumnos, pues ellos con los medios tecnológicos encuentran lo que desean saber en el menor tiempo, ahora lo importante es educar en la clasificación de la información y en el para qué del conocimiento, ya que al existir tanta información se requiere ser críticos para saber elegir los tipos de contenidos que necesitamos. Saber además qué información es falsa o nociva, que lejos de saber leer la realidad tal y como es, nos alejan más de ella.

Desarrollar habilidades y capacidades en el manejo de la información debe ser el propósito de La Nueva Escuela Mexicana para los futuros años, es decir llevar a cabo la alfabetización digital.

Es muy cierto que todo ciudadano tiene derecho a pensar libremente o tener su propia ideología, pero esa libertad debe estar fincada en el derecho a tener una información verdadera sin sesgos ni prejuicios. Es decir, a recibir una educación formal por parte de la escuela o informal proporcionada por los medios masivos de comunicación, basada en los valores humanos.

Diremos entonces que los dueños de los medios convencionales de comunicación en México, no tienen ningún derecho a transmitir una ideología sustentada en la mentira y el engaño, a través del control y manipuleo de la audiencia, con el objetivo final de proteger sus intereses y los del poder económico que representan.

La UNESCO según García, Pérez y Torres (2018) recomienda la aplicación de una propuesta para llevar la alfabetización digital a los alumnos, esto lo hace a través de 4 dimensiones:

· Información: recursos e instituciones que transmiten la información, así como acceso a la misma.

· Propósitos: razones por las cuales las personas utilizan la información y participan en los usos de los medios.

· Comprensión: los conocimientos básicos que todos los ciudadanos deben tener sobre los medios para un análisis crítico y el uso ético de la información que transmiten.

· Procesos y prácticas: las competencias que los ciudadanos deben poseer para crear y utilizar la información y contenidos de los medios de manera eficaz y éticamente.

3.11. La dignificación del campo en el proceso de transformación

Mejorar los precios de garantía de los productos del campo es quizá lo que más demandan los productores mexicanos, además de subsidios suficientes que ayuden a aumentar la productividad y a satisfacer las necesidades de quienes trabajan en el campo en precarias condiciones laborales.

Como ya lo hemos mencionado, este sector es uno de los que han sido más golpeados por las políticas neoliberales, es por eso que se requiere hacer grandes cambios para revertir las reformas constitucionales y los acuerdos comerciales que se hicieron en esa época, a espaldas del pueblo mexicano y que ha afectado a los sectores productivos del campo mexicano, particularmente en todo lo relacionado con la producción pesquera, agropecuaria, forestal, etc.

La agricultura orgánica es uno de los varios enfoques de la agricultura sostenible y muchas de las técnicas utilizadas, (por ejemplo, los cultivos intercalados, la rotación de cultivos, la doble excavación, el acolchado, la integración entre cultivos y ganado) se practican en el marco de diversos sistemas agrícolas. Lo que distingue a la agricultura orgánica, reglamentada en virtud de diferentes leyes y programas de certificación, es que:

a). Están prohibidos casi todos los insumos sintéticos

b). Es obligatoria la rotación de cultivos para "fortalecer el suelo". Las reglas básicas de la producción orgánica son que están permitidos los insumos naturales y prohibidos los insumos sintéticos.

El Plan de Acción de la Cumbre Mundial sobre la Alimentación reconoció la importancia de "las tecnologías de insumo, las técnicas agrícolas y otros métodos sostenibles apropiados, como la agricultura orgánica, para contribuir a que las operaciones agrícolas sean rentables, con objeto de reducir la degradación del medio ambiente, creando al mismo tiempo recursos financieros dentro de la actividad agrícola" (FAO, 1999).

Sostiene el citado documento elaborado por la cumbre mundial, que los gobiernos deben destinar los recursos financieros suficientes, para implementar este tipo de agricultura, pues se ha demostrado que estas técnicas tradicionales de cultivo, no ocasionan afectaciones a los ciclos del agua, el carbono y otros elementos importantes que le dan mayor fertilidad a los suelos y por lo tanto se pueden aumentar los niveles de productividad.

En el caso de Estados Unidos que sostienen grandes subsidios para los productores agropecuarios, pues con el uso de tecnologías llegan a aumentar considerablemente los niveles de productividad y por consiguiente los industriales de estos alimentos tienen mayor capacidad competitiva frente a los productores mexicanos.

Ante el tratado de libre comercio con Canadá y Estados Unidos (TLCAN), los productores mexicanos se han visto afectados, ya que los insumos que utilizan los productores mexicanos son comercializados por grandes empresas norteamericanas y de otros países desarrollados como Bayer, BASF, Syngenta, FMC y UPL.

Dicho tratado comercial firmado en el gobierno neoliberal de Carlos Salinas de Gortari, debe ser replanteado por el gobierno progresista en el próximo sexenio 2024-2030. El TLCAM fue un instrumento de avasallamiento que el gobierno mexicano entregó a los vecinos del norte para aplastar a los sectores productivos de México.

Existe una recomendación dada a conocer en la cumbre mundial realizada por la Organización de las Naciones Unidas a través de la FAO que debe ser acatada por el gobierno mexicano, ya que estas prácticas de agricultura y ganadería orgánica, además de ser sostenibles para no afectar la naturaleza, representan una alimentación saludable para los mexicanos y a mediano y largo plazo mejora la fertilidad del suelo.

Lo que pasa en el consumo de carnes industrializadas en México, sucede lo mismo con otros productos ya sea carne de res, de cerdo, cabras, etc. Veamos el ejemplo de lo que pasa con la carne de pollo:

Pollo orgánico

El pollo de libre pastoreo se encuentra al aire libre, ecológico y libre de estrés. Se alimentan con granos orgánicos de calidad. Un alimento de calidad, incluye un grano que ha sido producido con sustancias que no afectan a la tierra ni al ser humano. Además, cuando la cosecha es buena, los sabores y la calidad nutricional pueden ser mucho mejores.

La carne orgánica es más nutritiva. Investigaciones publicadas por el British Journal of Nutrition, sostienen que las carnes de producción orgánica tienen mejor contenido nutricional en la composición de ácidos grasos, ciertos minerales esenciales y antioxidantes como lo dio a conocer Chris Seal, profesor de Alimentos y Nutrición Humana en la Universidad de Newcastle (Dilmun, 2016).

Los pollos no están apretados en su espacio, se mueven y tienen una mejor calidad de vida, lo que hace que tengan menos estrés y que se enfermen menos. Usan menos energía, lo que reduce la contaminación y los costos de producción.

Pollo industrializado

Pollos crecidos en naves industriales enormes, sin espacio para moverse. Hay veces que estos pollos nunca tocan el suelo.

Su alimento es de baja calidad. Preparado con maíz, sorgo y soya, harina de pescado, harina de camarón, colorantes y otras sustancias como antibióticos. Entre más barato sea el alimento, mejor. Los granos producidos con pesticidas dejan residuos tóxicos, potencialmente dañinos para el ser humano y para la tierra. Ejemplo: Herbicida "Round-up".

Los pollos industrializados se enferman más, esto sugiere que necesitan más medicinas para estar sanos. Son mucho más propensos a enfermedades como la salmonella. Su carne se impregna de urea (producida por su propia orina y heces) por ello hace espuma al lavarlo. Usan más energía para la producción, lo que supone emisiones de carbono.

Pese a lo anterior, la mayoría de los consumidores mexicanos prefieren el pollo industrializado por resultar

más barato. Lo que quiere decir que en México se requiere educar a la sociedad, a fin de que a la población se le informe y se adquieran hábitos de alimentación saludable.

CAPÍTULO IV

LA RUTA PARA LOS PAÍSES DE AMÉRICA LATINA

4.1. Un proyecto de consolidación para América Latina

Casi todos los países de América Latina cuentan ya con gobiernos de izquierda progresista, donde los pueblos del continente le han dicho basta a los gobiernos neoliberales de derecha que han padecido. Estos gobiernos conservadores han estado al servicio de los Estados Unidos, es por eso que han trabajado en alianza recibiendo asesoría, apoyos financieros y en ocasiones mandando tropas militares de Norteamérica para someter a los pueblos.

La invasión neoliberal estuvo presente en casi todos los países de América Latina, al igual que en México, las empresas trasnacionales incursionaron en los países desde la década de los 80 con el apoyo de gobiernos dictatoriales que llegaron al poder mediante golpes de estado financiados precisamente por el gobierno del norte. En el primer capítulo de este trabajo, se señalan los abusos y masacres que realizaron en contra de sus pueblos, los diferentes gobiernos dictatoriales de derecha en los países de Latinoamérica.

Las políticas económicas en todas las naciones, dieron como resultado crisis económicas, pobreza, desempleo, saqueo de los recursos naturales por las grandes empresas, corrupción, abuso de poder por los gobiernos, violación a los derechos humanos, violencia social, etc.

Con el fin de la guerra fría entre la Unión Soviética y Estados Unidos, luego de años de insurrección en varios países por el descontento social, los gobiernos de derecha y los Estados Unidos, tuvieron que aceptar que los diferentes Partidos de izquierda pudieran participar libremente en los procesos electorales y respetar la voluntad de los pueblos.

En algunos países los candidatos de izquierda fueron excombatientes guerrilleros que incluso ganaron el gobierno de la república, tal es el caso de Gustavo Petro en Colombia, Daniel Ortega en Nicaragua, José Alberto Mujica en Uruguay, entre otros.

Posteriormente, desde hace dos décadas, cada vez son más los países de izquierda que a través de elecciones democráticas han llegado al poder. Para fortuna de los pueblos de este continente, casi todos los gobiernos de América latina ya son de esta tendencia política.

En estos países ya son muy notables los cambios que en pocos años han logrado estos gobiernos populares, todos los problemas ocasionados por los gobiernos neoliberales como el de la pobreza, han sido atendidos con políticas más justas y los resultados son buenos. La conciencia de los pueblos se ha dejado sentir, ya que la inmensa mayoría se han promulgado por no volver a las políticas nocivas de los grupos de derecha y ultraderecha.

 La consolidación democrática y popular en los países de América Latina, podría llegar a cumplirse si los gobiernos toman en cuenta las siguientes variables:

a). Gobiernos ejemplares.

Contarán con la aceptación popular mayoritaria de los ciudadanos, quienes serán evaluados por instancias externas con plena imparcialidad. Es muy necesario implementar en todos los países de la región la revocación de mandato, ya que es la mejor manera que los pueblos tendrán de evaluar a sus representantes populares. Desde luego que tendrán que ser mandatarios que gobiernen de la mano del pueblo o como dijeran algunos sociólogos, gobernar bajo la premisa de "mandar obedeciendo". Los indicadores que un gobierno de izquierda progresista tendrá que mejorar constantemente serían: el crecimiento económico, el desarrollo económico, creación de empleos, reducir la pobreza, mejorar la cobertura en salud, mejorar la cobertura en educación, contener la inflación, mejorar la seguridad pública, fortalecer su moneda, defender su soberanía, entre otros.

Además, los gobiernos democráticos tendrán que tener una comunicación estrecha con los ciudadanos, ya que los de la derecha conservadora, que por lo regular poseen los medios de comunicación, aprovecharán cualquier oportunidad para intentar manipular a la población y falsear la realidad.

En el caso de México, el presidente de la república diariamente presenta conferencias mañaneras para mantener a la población nacional bien informada. Un gobierno bien fortalecido en su país y con buenos resultados, sin duda que será bien visto por la comunidad internacional y tendrá la autoridad moral para establecer lazos de amistad y colaboración con otros pueblos del mundo.

b). Lazos de amistad y solidaridad entre los pueblos latinoamericanos.

Los pueblos que transiten hacia una sociedad progresista, tendrán que mantenerse como pueblos hermanos y solidarizarse con las naciones de la región, en términos de humanidad y fraternidad internacional. Esto, independientemente de las posiciones ideológicas o de los acuerdos comerciales realizados entre ambas naciones. Al haber muchas más semejanzas que diferencias entre los tipos de gobiernos, es una ventaja que debe ser utilizada para unir esfuerzos y que todos salgan beneficiados. El estrechar lazos de colaboración y amistad entre los pueblos, es estratégicamente lo más ideal, como algún día lo soñaron los grandes líderes de Latinoamérica que lucharon por la independencia: Francisco de Miranda, Simón Bolívar, José de San Martín, Manuel Belgrano, José G. Artigas, Mariano Moreno y muchos más.

Las naciones latinoamericanas comparten también históricamente el ideal independentista en contra del intervencionismo español. Ese principio de identidad es el antecedente de gran valor y el mejor referente, para que en unidad las naciones tracen el nuevo rumbo en la construcción de una sociedad con mejor desarrollo, en la que no haya abusos entre los pueblos y se promulguen de una vez por la no injerencia, la libre autodeterminación de los pueblos, la fraternidad y solidaridad como principios universales.

Este esfuerzo de paz, colaboración y solidaridad, hará que los países sean fuertes y grandes naciones, ante la amenaza latente de los nuevos colonizadores neoliberales, que estarán acechando para invadir nuevamente, valiéndose de los empresarios nacionales, el clero conservador, grupos fácticos y otras asociaciones de la derecha reaccionaria.

c). Integración comercial en Latinoamérica.

Lograr acuerdos comerciales con los pueblos que luchan en contra de la derecha neoliberal es de gran importancia. Esto a pesar de que ya existen acuerdos comerciales en la región de las Américas, en los que algunos países ya han hecho alianzas comerciales como: el Mercosur, La alianza para el pacífico, el ALCA (impulsado por Estados Unidos), etc.

El nuevo acuerdo será más incluyente entre los países ante la nueva realidad, ya que los problemas son comunes en toda la región. Hacer nuevos acuerdos es ahora una necesidad de los pueblos que han sido saqueados por regímenes dictatoriales, la derecha conservadora y las empresas trasnacionales. Esas son experiencias históricas que los pueblos de Latinoamérica no deberán vivir nuevamente, es por eso que necesitan ser gobiernos democráticos ejemplares, que trabajen en alianza con los ciudadanos y en unidad con las naciones de la región.

Las cinco potencias Latinoamericanas: Argentina, Brasil, Chile, Colombia y México que afortunadamente ya tienen gobiernos de izquierda progresista, deben unir esfuerzos para encabezar una gran alianza comercial. A partir de allí, hacer una amplia convocatoria a todos los países de Latinoamérica para que se unan bajo un acuerdo realizado en términos de libertad, igualdad, democracia y justicia social en el que todos los pueblos salgan beneficiados.

La mayoría tienen problemas que son comunes: no han tenido crecimiento económico ni bienestar social para la población, debido a la aplicación de políticas económicas neoliberales, promovidas por los grupos de la derecha y alentados por los Estados Unidos de Norteamérica.

4.2. La inclusión de América Latina en la economía mundial

En dos décadas de gobiernos de izquierda en América Latina, algunos países han logrado importantes avances como México, Brasil, Argentina y Chile. De ser la región más desigual del mundo, han demostrado que sus políticas económicas están provocando beneficios en la justicia social: disminución de la pobreza, incremento de la expectativa de vida, empleo, acceso a la educación y a la salud, etc. Consecuentemente tienen un mejor bienestar para la inmensa mayoría de la población, básicamente en las clases más bajas.

A partir de una buena política de integración entre todos los países de la región, pasarán a una etapa de integración a la economía mundial con el fin de crear lazos de colaboración con todos los países del mundo. Sin duda que esto ampliará aún más su potencial económico que les permitirá mayor capacidad competitiva frente al orden económico mundial.

El reto principal para los países de América Latina es crecer y recobrar la dignidad como naciones libres e independientes, para que ya no sean vistas en el mundo como pueblos débiles que pueden ser explotados o invadidos por cualquier nación poderosa. El potencial de los pueblos de las Américas está en que se combatan los rezagos sociales que las "nuevas civilizaciones" les han ocasionado.

Llevar el desarrollo a cada pueblo, a cada ciudad y a todas las regiones apartadas de cada país, es la primera tarea de los gobiernos democráticos y progresistas; eso los convertirá en naciones ricas y poderosas ante los ojos del mundo.

4.3. Desarrollo económico y democracia participativa para América Latina

La importancia no radica en llegar a tener altos niveles de crecimiento económico, sino que el poco o mediano crecimiento se traduzca en bienestar para la mayoría de la población. El pilar básico de un pueblo de izquierda progresista es a través del ejercicio pleno de la democracia participativa, pero ¿qué significa eso y qué relación tiene con la democracia representativa?

La democracia representativa consiste únicamente en darle importancia a los procesos electorales en los que el pueblo elige a sus representantes, es decir, los representantes serán los encargados de trabajar para que se cumplan los preceptos y compromisos que se les otorgó mediante el voto libre, secreto y directo.

En cambio, la democracia participativa consiste en que los representantes, electos mediante el voto, serán únicamente los voceros del pueblo, pero jamás ejercerán el poder a espaldas del mismo y sin su consentimiento; además, en este tipo de democracia, el pueblo todo el tiempo permanecerá activo y en contacto con los representantes, quienes en todo momento atenderán las necesidades y demandas de la población. En la democracia participativa el poder y las decisiones radican en el pueblo; los representantes populares asumirán el papel de respetar en lo que la sociedad disponga a través de su constante participación.

Aquí lo importante consiste en establecer las vías y canales para lograr la organización de la sociedad en forma correcta y permanente. Esta organización y participación popular dará como resultado nuevas acciones para la transformación social, que será nutrida y enriquecida cada vez más al asimilar nuevas experiencias y mejores resultados.

Los países de América Latina están históricamente ante una gran oportunidad de extender en sus países la democracia participativa, tanto en el nivel local como en el poder federal. La sociedad ha pasado en estos tiempos a una etapa de activismo político, basta con que se les oriente para que en sus comunidades y provincias trabajen unidos en lograr una mejor justicia social.

El poder en manos del pueblo es la mejor garantía de que los ciudadanos asuman el papel de contribuir a la transformación pacífica de la sociedad. Para esto se ocupan tareas de educación popular, que sean capaces de crear conciencia política de que todo mundo debe ser incluido en los procesos de cambio en bien de las mayorías. Si los gobiernos de izquierda no actúan a tiempo en lograr los cambios que las sociedades requieren, sin duda que darán lugar al arribo de los grupos de la derecha que constantemente estarán acechando.

4.4. El gran reto en Latinoamérica: Democratizar la educación para transformar la sociedad

Hay una nueva variante que influye ahora en la nueva realidad, es el uso de las nuevas tecnologías, pues es contradictorio que antes con los gobiernos de la derecha, la educación servía para enajenar y envilecer a niños y jóvenes.

Hoy la revolución digital exige nuevas formas de transformar a la sociedad a partir de la tarea educativa; nuestros niños y jóvenes principalmente viven conectados a ese gran mundo de la información y el conocimiento, que se han diseminado en forma universal. La realidad es que, si a esos niños y jóvenes no se les educa con modelos basados en el conocimiento social, los valores y la ciencia, ellos navegarán sin rumbo ni dirección y se verán influenciados por la ficción desmedida que les ofrece el mundo digital.

Ese riesgo podría llevarnos a vivir sociedades más apáticas y menos participativas en las tareas que la sociedad exige.

Cada vez es más notoria esa influencia en donde la mayoría de los jóvenes poco leen y casi no se interesan en los problemas que las sociedades padecen en la actualidad; viven en un mundo de confort, guiados por sentimientos alejados de la realidad.

Como dijera Cabrera (2018) "La realidad es que nuestro modelo educativo no necesita simplemente reformas, sino una transformación digital acelerada, que aproveche al máximo las nuevas oportunidades de formación abierta en una sociedad conectada". En todo caso lo que los modelos educativos deberán tener, es un mayor alcance de penetración en el mundo digital para no dejarse rebasar, porque en lugar de tener una sociedad más educada y mejor formada en los valores humanos, se tendrán seres deformados y desinformados que muy poco aportarían a la sociedad.

Como lo menciona el citado autor, no puede haber un cambio educativo si no hay un cambio en la sociedad. En este sentido, un nuevo reto sería desprendernos de los modelos que pretendían educarnos para la industria, donde los alumnos tenían la categoría de clientes, donde lo importante era la ganancia económica y el mercado.

Hoy, al verse la educación como un ente público al que todo mundo tiene derecho y existen además libertades democráticas que antes eran prohibidas, la tarea es hacer de cada ciudadano un individuo más preparado y que aporte lo suficiente para engrandecer cada día a su patria con trabajo y esfuerzo, tanto en lo personal como colectivo.

Educar para el progreso y educar para las libertades democráticas es simple y llanamente educar para la transformación de las sociedades. Eso significa que es de suma importancia educar en los derechos humanos, en la libertad de pensamiento y cómo participar al servicio de la patria. Todo esto bajo los principios y valores humanos más fundamentales.

La educación nacional tiene que funcionar como un gran proyecto en el que toda la sociedad participe activamente, significa revolucionar las conciencias de toda la población y forjar una nueva cultura donde todo mundo tenga algo que aportar a la sociedad. Es necesario alfabetizar a la población para erradicar el analfabetismo, tanto funcional como social. Un pueblo culto y educado jamás podrá ser manipulado por nadie; los gobiernos de izquierda progresista, deben confiar en el gran poder que tiene el pueblo para aprender a vivir la democracia en todas sus dimensiones.

·   Crear conciencia política en la población

Educar políticamente a la población en general, es sin duda una de las tareas más importantes, porque a partir de que eso se logre, se tendrá una sociedad más activa y participativa. Sin una sociedad participativa no se pueden lograr los cambios sociales; se trata de construir colectivamente entre gobierno y sociedad un proyecto político nacional de transformación hacia una sociedad con equidad, justicia y democracia para todos.

Las sociedades autoritarias buscaban tener una sociedad inactiva solo que obedeciera, el control y la manipulación eran sus mejores estrategias para lograr el crecimiento económico de un país, pero los más beneficiados eran las clases empresariales y los gobiernos que estaban a su servicio. La justicia social solamente existía en los discursos y la democracia era simulación en los procesos electorales manipulados por el poder económico y los grupos fácticos, que eran realmente los que gobernaban desde las sombras. Los gobernantes eran marionetas de las mafias del poder y los que decidían a quién eliminar física o políticamente, ya sea por las buenas o por las malas.

Crear conciencia social no es una tarea fácil, puesto que los grupos de la derecha siempre se opondrán al despertar del pueblo, como se vio aquí en México al realizar algunos cambios en el modelo de educación básica para el periodo escolar 2023-2024, solo por hacer algunas modificaciones en el modelo educativo en el que se propone el trabajo colectivo, para darle dinamismo solidario al aprendizaje de las ciencias y por la aplicación de proyectos de desarrollo comunitario, a través de la democracia participativa de padres de familia, alumnos, profesores y miembros de la comunidad.

Las naciones progresistas jamás deberán permitir que el dinero sea el determinante para la participación en los puestos de elección popular de todos los partidos políticos, pues eso sería hacer más de lo mismo y negar el valor de la auténtica democracia. El factor dinero sin control es corrupción y no es por allí donde se creará la cultura política; sino en el planteamiento de proyectos de desarrollo social, planes y propuestas de gobierno por parte de los candidatos. Esto sería parte de la transparencia en los procesos electorales y crear al mismo tiempo la cultura política en los ciudadanos.

ANEXOS

ANEXO I

1.5. Las 18 dictaduras más sangrientas latinoamericanas y su relación con los gobiernos de Norteamérica

1.5.1.   Jorge Rafael Videla (Argentina)

Fue un militar argentino que llegó al poder por medio de un golpe de Estado en 1976 y que durante cinco años comandó una sanguinaria dictadura, que produjo decenas de miles de torturas y muchas de las 30 mil desapariciones reportadas en la dictadura argentina.

Los altos cargos del ejército depusieron de la presidencia a María Estela Martínez de Perón e instauraron el llamado Proceso de Reorganización Nacional, sistema autoritario en el que la Junta Militar reunió todos los poderes del país y se mantuvo en el gobierno a costa de la represión de sus ciudadanos. Videla se mantuvo como líder hasta 1981, cuando la inestabilidad por la que pasaba el país le obligó a dimitir y a ser sustituido por Roberto Viola, Leopoldo Galtieri y Reynaldo Bignone respectivamente. Argentina volvió a ser una democracia con las elecciones de 1983.

1.5.2.   Hugo Banzer (Bolivia)

Banzer subió al poder en 1971 con un golpe de Estado contra Juan José Torres, que a su vez había obtenido el cargo durante un levantamiento contra el también dictador Alfredo Ovando Candía. Torres hizo que Banzer se ganara el apoyo de Estados Unidos durante su tiempo como dictador, en el cual protagonizó una férrea política anticomunista y una postura muy activa en el llamado Plan Cóndor.

El presidente fue derrocado por otro golpe de Estado en 1978, tras lo cual se sucedió un periodo largo y convulso en el que se pasaba de la convocatoria de elecciones a los levantamientos armados. Banzer volvió al poder en 1997 al ganar unas elecciones democráticas y se mantuvo en el cargo de presidente hasta 2001, año en que dimitió debido a problemas de salud derivados de un cáncer que padecía.

1.5.3.   Joao Baptista Figueiredo (Brasil)

Fue el último dictador de la llamada Quinta República de Brasil. Un grupo de militares tomaron el poder en 1964 al destituir al entonces presidente elegido democráticamente João Belchior Marques Goulart, al considerar que sus políticas eran demasiado cercanas a las de la URSS. A Baptista Figueiredo le precedieron Humberto Branco, Artur da Costa de Silva, Emílio Garrastazu Médici y Ernesto Geisel. Con el respaldo de Estados Unidos, la Junta Militar brasileña basó sus primeros años en una brutal represión y falta de libertades. Una vez asentados en el poder y con una oposición diezmada, intentaron darle un tinte de falsa democracia a un régimen que terminó en 1985 con elecciones libres.

1.5.4.   Augusto Pinochet (Chile)

El dictador chileno es uno de los más conocidos de toda América Latina. Encabezó el golpe de Estado de 1973 contra Salvador Allende y promovió un durísimo régimen militar en el que las desapariciones y los asesinatos sumarios fueron los verdaderos protagonistas. Desgraciadamente célebre es la llamada Caravana de la Muerte, una comitiva militar que se dedicó a viajar por el país "aligerando" los procesos contra los prisioneros hechos desde el golpe de Estado y matando a miles. El número de cifras de la dictadura chilena ronda los 60 mil asesinatos, entre ellos el del cantautor Víctor Jara.

Pinochet fue retirado del cargo en 1988, cuando un referéndum dejó claro que el pueblo chileno no lo quería. Permaneció un tiempo como senador, se le detuvo en Londres y, tras perder su inmunidad, se le juzgó por genocidio entre otras cosas. Nunca llegó a haber una condena firme y el dictador murió en 2006.

1.5.5.   Gustavo Rojas Pinilla (Colombia)

Rojas Pinilla se hizo del poder en Colombia en 1953, tras echar de su cargo al líder conservador Laureano Gómez en un golpe de Estado no sangriento y en el que Rojas Pinilla era respaldado tanto por el ejército como por la élite política. Aunque en muchos casos es recordado por los esfuerzos que dedicó a mejorar las infraestructuras del país, Gustavo Rojas Pinilla terminó por sustentar su gobierno en la violencia, la represión y la falta de libertades y esto hizo que los sectores que hasta entonces lo habían apoyado lo sustituyeran del cargo en 1957.

1.5.6.   Fulgencio Batista (Cuba)

Batista fue elegido presidente de Cuba en las elecciones democráticas de 1940 y hasta 1944, mandato en el cual apoyó a los Aliados durante la Segunda Guerra Mundial. Cuando volvió a presentarse como candidato en 1952, las encuestas le pronosticaban una derrota segura, por lo que Batista decidió romper el orden constitucional e instauró una dictadura afín al gobierno estadounidense. En 1956 un grupo de guerrilleros exiliados liderados por Fidel Castro, llegaron a la isla para derrocarlo y, tres años de combates después, Batista abandonó Cuba para siempre.

1.5.7.   Guillermo Rodríguez Lara (Ecuador)

El presidente Velasco Ibarra nombró comandante general del Ejército a Guillermo Rodríguez Lara en 1971, tras un fallido levantamiento militar. Desde esa nueva posición y solo un año después, Lara organizó otro levantamiento junto a los altos mandos de los tres ejércitos y se colocó como líder de la nación.

Los militares proclamaron que su gobierno sería nacionalista y revolucionario y lo hicieron con la idea de aprovechar la bonanza económica que se avecinaba por las exportaciones del país. Guillermo Rodríguez Lara impuso un estado de sitio que le permitía suspender los derechos fundamentales durante casi cuatro años y fue depuesto pacíficamente en 1974, siendo sustituido por una Junta Militar con representantes de los tres ejércitos. La democracia volvería a Ecuador en 1979.

1.5.8.   Carlos Castillo Armas (Guatemala)

El militar de carrera Carlos Castillo Armas fue la cara visible del golpe de Estado de 1954, un levantamiento contra el gobierno democráticamente elegido de Jacobo Árbenz que fue completamente planeado y llevado a cabo por la CIA, para defender los intereses económicos estadounidenses en su país. Guatemala vivió una durísima represión durante sus años de gobierno y, cuando fue asesinado en 1957 por un miembro de su guardia, el país vivió un periodo convulso de inestabilidad política y levantamientos armados que podrían interpretarse como una guerra civil de casi tres décadas.

1.5.9.   François Duvalier (Haití)

Conocido popularmente como 'Papa Doc.', François Duvalier empezó su carrera política siendo un personaje muy popular, hasta el punto de que ganó las elecciones de 1957. Al año siguiente suspendió todas las garantías constitucionales y se erigió como un cruel y represivo dictador, nombrándose presidente vitalicio en 1964. Se valió del terrorismo de Estado y del miedo que la población haitiana tenía hacia la magia vudú para mantenerse en el poder, llevándose consigo la vida de unas 30 mil personas. Murió en 1971 y su hijo le sustituyó en el cargo, prolongando la dictadura hasta 1986.

1.5.10 Tiburcio Carías Andino (Honduras)

Abogado y catedrático además de militar, Tiburcio Carías Andino ganó las elecciones en 1923, pero no llegó a gobernar debido a un golpe de Estado. En 1933 volvió a ganar las elecciones y rápidamente empezó a preparar el sistema constitucional para poder prolongar su estancia en el poder, que se alargaría hasta 1948. Durante todo su gobierno el país se vio envuelto en una situación de grave crisis económica y de constantes levantamientos campesinos.

1.5.11 Familia Somoza (Nicaragua)

Anastasio Somoza, patriarca de la familia y responsable de la muerte del revolucionario Augusto César Sandino, tomó el poder en 1937 e instauró en Nicaragua una dictadura de corte militar sometida a los intereses de los Estados Unidos y que sometió al país al terror de su brazo armado, la Guardia Nacional. El dictador y sus dos hijos (Luis y Anastasio) gobernaron el país directamente o a través de gobiernos títeres hasta que en 1979 la llamada Revolución Sandinista puso fin a su estirpe.

1.5.12 Manuel Antonio Noriega (Panamá)

Noriega es un ejemplo de dictador caótico. Se hizo del poder en 1983 siguiendo órdenes de la CIA y en sus años como líder del país sumió a Panamá en una espiral de corruptelas, violencia y crisis económica, mientras él se relacionaba con el Cartel de Medellín y se involucró cada vez más en el tráfico de drogas y armas. En 1989 Estados Unidos desplegó una fuerza de 27 mil soldados en el país con el único fin de deponer y arrestar al dictador Noriega. Fue condenado y murió en 2011 en Panamá a causa de un tumor cerebral.

1.5.13 Alfredo Stroessner (Paraguay)

En 1954 depuso al presidente Federico Chávez e instauró un gobierno dictatorial anticomunista y estrechamente ligado a los intereses de Estados Unidos. En su posición de poder, en la que se mantuvo más de tres décadas, suprimió cualquier tipo de derecho constitucional o libertad y persiguió duramente a los opositores y disidentes como parte del Plan Cóndor, como demuestran los llamados "Archivos del Terror" encontrados en una vieja comisaría en 1992. Stroessner fue derrocado por su hasta entonces mano derecha, Andrés Rodríguez Pedotti en 1989 y nunca fue juzgado por sus crímenes porque se exilió a Brasil hasta su muerte en 2006.

1.5.14 Juan Velasco Alvarado (Perú)

Comandó el golpe de Estado que derrocó al presidente legítimo Fernando Belaúnde Terry en 1968 y protagonizó unos primeros años de durísima represión, seguidos por una mala situación económica y un rechazo general de la sociedad. Fue depuesto del cargo a través de otro golpe militar en 1975 y sustituido por Francisco Morales. Este segundo aguantaría en el poder hasta 1980, cuando unas elecciones libres devolvieron a Fernando Belaúnde Terry a la presidencia.

1.5.15 Alberto Fujimori (Perú)

Este peruano-japonés ganó las elecciones en 1990, pero en 1992 dio un autogolpe de Estado con el apoyo de las fuerzas armadas y asumió todas las competencias, disolviendo el congreso e interviniendo el poder judicial. Fujimori aseguró su permanencia en el cargo hasta 1995 y luego otra vez hasta el año 2000, pero las desapariciones y asesinatos de varios miembros de la oposición y los casos de corrupción de sus colaboradores hicieron que, mientras estaba en Japón, enviara un fax renunciando al cargo. En 2005, durante un viaje a Chile, fue arrestado y juzgado por corrupción y crímenes de lesa humanidad.

1.5.16   Rafael Leónidas Trujillo (República Dominicana)

Responsable (según las autoridades) de unas 50 mil muertes, el dictador Trujillo gobernó República Dominicana desde 1930 y su gobierno se extendió por 31 años, tras quitarse de en medio al presidente Horacio Vázquez.

Su dictadura es recordada como una de las más sangrientas y se caracterizó por la brutal persecución, contra cualquiera que pudiera causar problemas al régimen y por el exacerbado culto a la personalidad del tirano. Rafael Leónidas Trujillo, fue asesinado en 1961 durante un golpe de Estado llevado a cabo por militares con el apoyo de la CIA, que temía que la barbarie de Trujillo pudiera promover un levantamiento izquierdista. A su dictadura siguió un breve periodo de autoritarismo encabezado por una Junta Militar.

1.5.17   Juan María Bordaberry (Uruguay)

Bordaberry fue elegido presidente en 1971 y, dos años después, decidió aliarse con un grupo de altos cargos militares para dar un golpe de Estado e instaurar una dictadura en la que él sería presidente, pero mandaría el ejército. Fue destituido en 1976 por Alberto Demochelli y este, a su vez, por Aparicio Méndez. En 1980 un plebiscito dejó claro que la sociedad quería acabar con la dictadura, pero el general Gregorio Álvarez asumió el poder y prolongó la dictadura hasta 1984.

La situación de crisis económica, represión, violación de derechos y crímenes de lesa humanidad, que se vivió en Uruguay durante la dictadura, sirvió como base a Mario Benedetti para publicar su obra de teatro "Pedro y el Capitán".

1.5.18   Marcos Pérez Jiménez (Venezuela)

Cabecilla del derrocamiento del socialdemócrata Rómulo Gallegos en 1948, Marcos Pérez Jiménez y sus aliados constituyeron una Junta Militar de la que, debido al asesinato de un candidato y a la imposición por la fuerza, él mismo acabó al frente en noviembre de 1952. Sirviéndose de la policía, entonces llamada Seguridad Nacional, Marcos Pérez extendió el terror y la represión por todo el país hasta que en 1958 la situación le fue demasiado contraria con los mandos militares por lo que decidió exiliarse en España y murió en el año 2001 (Delgado, 2020).

ANEXO II

1.6. Los gobiernos de izquierda en Latinoamérica

1.6.1. La Izquierda en Cuba

La victoria de la revolución cubana tuvo más influencia en América Latina que la victoria de la revolución rusa en Europa. Esto se explica porque las condiciones de la Rusia Zarista eran muy diferentes a las de la región occidental de Europa, y en América Latina las diferencias entre Cuba y los otros países del continente eran menores. Así, se generalizó en la región el modelo de guerra de guerrillas en un gran número de países: México, Guatemala, El Salvador, Nicaragua, Venezuela, Colombia, Bolivia, Perú, Argentina, Brasil y Uruguay. El socialismo y la vía insurreccional parecían tornarse el objetivo y la forma de lucha dominantes desde aquel momento.

Una serie de hechos evidencian el carácter radical de aquel proceso revolucionario. Los juicios realizados por los tribunales a los esbirros de la dictadura de Batista que no lograron huir, la Reforma Agraria, la Reforma Urbana, la Campaña de Alfabetización, la universalización y nacionalización de los servicios de educación y salud, la expropiación de las grandes empresas nacionales y extranjeras, entre otros, daban muestra de la profundidad de las medidas que estaba tomando el nuevo gobierno. También contribuyen a proyectar rápidamente su alcance universal, latinoamericano y caribeño, así como su articulación con las luchas por la liberación nacional y social que entonces se desarrollaban en diferentes naciones del Tercer Mundo.

El éxito político y militar del movimiento liderado por Fidel Castro abrió una nueva etapa política para la izquierda en América Latina que desde ese momento iba a incorporar:

a).   La alternativa insurreccional como un camino viable para acceder al poder e instaurar el socialismo. Opción fundamentada en la certeza de poder derrotar al ejército profesional y en la necesidad de superar la inactividad que se atribuía a quienes se proclamaban revolucionarios y construían partidos de masas para lograr, mediante la militancia político/electoral, alcanzar el poder pacíficamente una vez que estuvieran dadas las condiciones objetivas y subjetivas.

b). La redefinición de tácticas y estrategias para la toma o el mantenimiento del poder en el interior de los partidos políticos en América Latina.

c). La apertura de un debate sobre las perspectivas de la revolución en el pensamiento crítico y del desarrollo de la izquierda latinoamericana.

En 1960, Ernesto Che Guevara escribió que la Revolución Cubana hizo tres aportaciones a la mecánica de los movimientos revolucionarios en América, que confrontaban directamente a la línea seguida por los partidos comunistas:

a). Las fuerzas populares pueden ganar una guerra contra el ejército.

b). No siempre hay que esperar a que se den todas las condiciones para la revolución; el foco insurreccional puede crearlas.

c). En la América subdesarrollada, el terreno de la lucha armada debe ser fundamentalmente el campo.

A más de 60 años de su implementación, el bloqueo económico, comercial y financiero de Estados Unidos contra Cuba constituye el mayor obstáculo al desarrollo de la nación.

El siete de febrero de 1962, el entonces presidente de Estados Unidos (EE.UU.), John F. Kennedy, declaró el bloqueo unilateral de ese país contra Cuba, mediante la Ley de Ayuda Externa de 1961, con lo que cumplía el mandato expresado por el Congreso. Cuatro días antes, el tres de febrero, Kennedy firmó la orden presidencial para implantar un bloqueo total contra la Isla, cuyo objetivo era cortar todo tipo de vínculo comercial con Cuba y cercar al país para provocar el derrocamiento del gobierno revolucionario.

Sin embargo, desde el triunfo de la Revolución Cubana, las administraciones estadounidenses comenzaron el hostigamiento y las sanciones contra la mayor de las Antillas, al tiempo que esperaban el fin del proceso revolucionario en cuestión de meses (Liberman, 2017).

El tres de noviembre de 2022, por trigésima vez, la Asamblea General de la ONU votó por amplia mayoría a favor de una resolución que condena el embargo comercial a Cuba. 185 países votaron a favor de la resolución, mientras Estados Unidos e Israel votaron en contra.

1.6.2. La Izquierda en Venezuela

El primer gobierno de Hugo Chávez se inicia tras las elecciones presidenciales de 1998 en las que resultó ganador. Chávez asumió el poder el dos de febrero de 1999. Después del acto en el Capitolio Federal, sede del Congreso de la República se dirigió al Palacio de Miraflores acompañado por un grupo de simpatizantes. A juzgar por los criterios asociados con la democracia radical, el sistema político venezolano bajo Chávez tiene un mejor desempeño. La democracia radical (apoyada por el pensamiento de Rousseau) hace hincapié en el gobierno de la mayoría en contraste con los derechos de la minoría. También se concede una importancia primordial a la participación de los sectores no privilegiados de la población.

Un componente clave de la democracia radical es la movilización de las clases populares, que a su vez conduce al sentido de empoderamiento, la incorporación y el aprendizaje político por parte de los anteriormente excluidos (factores en gran medida subjetivos y difíciles de medir). Durante el gobierno de Chávez se ha avanzado significativamente en estos frentes. En contraste, se quedan atrás otros tres componentes que son esenciales para la consolidación de cualquier nuevo sistema democrático: los mecanismos para facilitar la discusión crítica interna, la solidez de organización y la institucionalización de las nuevas reglas del juego que definen la participación cotidiana. La siguiente discusión examina los avances y los obstáculos en el logro de estos objetivos.

Un sistema que hace hincapié en el gobierno de la mayoría es conducente a frecuentes contiendas electorales. Durante la presidencia de Chávez se llevaron a cabo un número récord de elecciones, que fueron validadas por observadores de otros países y sondeos realizados por los medios de comunicación internacionales y que los chavistas ganaron en gran parte por altos porcentajes sin precedentes desde 1958, con una tasa de abstención generalmente más baja que durante los años noventa.

Estas contiendas electorales incluyen la elección de referendo presidencial de 2004 y los referendos sobre la Constitución en 1999, la reforma constitucional de sesenta y nueve artículos en 2007, y una enmienda constitucional en 2009. El sistema de referendos contiene elementos de democracia directa (o participativa) por cuanto las elecciones están precedidas por una campaña de firmas (en el caso del referendo de 2004) y la contienda electoral pone a prueba propuestas específicas en vez de candidatos.

Así, por ejemplo, en 1999, 2007 y 2009 los debates nacionales sobre las propuestas constitucionales dieron cabida a todos los electores y no solo a las élites políticas nacionales, y en gran medida no tuvieron precedentes en la historia de Venezuela, aunque la oposición criticó su duración por ser demasiado corta.

El Frente Social en Venezuela. Las políticas de juego de suma cero en el gobierno de Chávez incluyen la aplicación estricta del impuesto sobre la renta por la agencia de recaudación Servicio Integrado de Administración Aduanera y Tributaria, la reducción del impuesto al valor agregado, y la priorización del gasto social. Además, por primera vez desde el inicio del periodo democrático en 1958 el Gobierno se ha abstenido de nombrar a representantes empresariales para puestos claves en la formulación de la política económica.

Aunque estas medidas favorecen a los menos privilegiados a expensas de los privilegiados, el abundante ingreso petrolero durante la presidencia de Chávez ha obviado la necesidad de una transferencia de riqueza de un sector de la población a otro. De acuerdo con la Comisión Económica para América Latina y el Caribe (Cepal, 2007), las tasas de pobreza y de pobreza extrema disminuyeron en un 18.4 % y un 12.3 % respectivamente entre 2002 y 2006, el segundo descenso más acentuado en el continente.

Un ejemplo de esta dinámica son las misiones educativas, que consisten en clases de alfabetización, así como programas en la escuela secundaria (Misión Ribas) y universitaria (Misión Sucre). Para el 2008, la Misión Ribas había graduado 450 mil estudiantes. El uso de videocasetes y facilitadores como sustitutos de los profesores es una innovación práctica, pero no sorprende que no iguale la calidad de las escuelas tradicionales. (Ellner, 2010).

1.6.3. La Izquierda en Nicaragua

Los Hijos de Sandino Contra los de Somoza

La revolución sandinista de 1979 tomó su nombre del movimiento guerrillero que lideró la lucha armada en contra del gobierno de la época, el Frente Sandinista de Liberación Nacional (FSLN). El FSLN tomó el suyo de Augusto C. Sandino, el patriota nicaragüense que a inicios del siglo XX recurrió a la guerra de guerrillas para luchar contra la intervención estadounidense en Nicaragua.

Sandino fue asesinado en 1934 por órdenes de Anastasio Somoza García, el primer comandante de la Guardia Nacional dejada atrás por los marines estadounidenses para "mantener el orden" en Nicaragua. 45 años después los guerrilleros sandinistas depusieron por las armas a su hijo menor, Anastasio Somoza Debayle, el tercero de la dinastía familiar que gobernó al país con puño de hierro de 1937 a 1979.

Los "hijos de Sandino" (como se llaman a sí mismos en su himno los integrantes del FSLN), siendo este un movimiento armado en contra de la sangrienta dictadura de Somoza que estuvo al servicio de los intereses de Washington. Según la base de datos de conflictos armados del Instituto de Investigación sobre la Paz de Oslo (PRIO), la cantidad de muertes por causa del conflicto armado contra esta dictadura, oscila entre 10 000 y 35 000, en su mayor parte civiles.

Pero a eso habría que sumar al menos 30 000 muertos más como resultado del conflicto armado que más adelante enfrentaría al gobierno sandinista con las fuerzas contrarrevolucionarias agrupadas en la Resistencia Nicaragüense o "Contra" de 1981 a 1990. Después de un largo período de "acumulación de fuerzas en la clandestinidad", los guerrilleros sandinistas eventualmente pasaron a la ofensiva en diciembre de 1974, con el asalto a la casa de un amigo personal de Somoza Debayle que le ofrecía una fiesta al embajador estadounidense.

- Daniel Ortega, el revolucionario que liberó Nicaragua y al que acusan de convertirse en el tirano que ayudó a derrocar.

En enero de 1978 sucedió el asesinato de Pedro Joaquín Chamorro -director del diario La Prensa, opositor a Somoza, y miembro de una de las familias más prominentes del país- terminó por colocar a la burguesía nicaragüense en contra de la familia gobernante y del lado del FSLN. La Guardia Nacional, leal a Somoza, se desbandó luego de la salida del dictador de Nicaragua, el 17 de julio de 1979.

El gobierno provisional que fue reconocido por la comunidad internacional al día siguiente (la llamada Junta de Gobierno de Reconstrucción Nacional, de cinco integrantes) solamente incluía a dos miembros del FSLN, Daniel Ortega y Moisés Hassan (aunque el escritor Sergio Ramírez se sumaría a sus filas poco después).

La revolución todavía no era exclusivamente sandinista. revolución y contrarrevolución. El pretendido pluralismo de la Junta de Gobierno se empezó a romper en abril de 1980 con la renuncia de Violeta Barrios de Chamorro y Alfonso Robelo, los representantes del sector empresarial.

En cualquier caso, pronto una revolución que se había presentado al mundo con medidas como la Cruzada Nacional de Alfabetización, que en 1980 redujo el analfabetismo del 50% al 13%, y una masificación de los servicios de salud que permitió la erradicación total de la polio dos años después, pasó a ser mejor conocida por los enfrentamientos entre contras y sandinistas.

La guerra con la "Contra" desgastó notablemente al gobierno sandinista. Eso, sumado a las pérdidas en vidas humanas, terminaría forzando al FSLN (que en 1984 con Daniel Ortega como candidato se había impuesto claramente en unas elecciones boicoteadas por las principales fuerzas opositoras) a suscribir en 1987 los

Acuerdos de Paz de Esquipulas, que contemplaban el adelanto de los comicios presidenciales y mayores garantías para la oposición.

En febrero de 1990, pocos meses después del inicio del inesperado derrumbe del bloque socialista, que se había convertido en la principal fuente de apoyo del gobierno sandinista, Violeta Barrios de Chamorro también sorprendía al mundo derrotando claramente a Ortega.

La elección de Violeta Barrios de Chamorro en febrero de 1990 puso fin a la Revolución Sandinista. El FSLN se convertía así en la primera fuerza política en la historia de América Latina que habiendo alcanzado el poder por las armas lo entregaba en las urnas. La Resistencia Nicaragüense o "Contra" se desmovilizó bajo el gobierno de doña Violeta Barrios de Chamorro.

El regreso de Daniel Ortega. Fue originalmente electo coordinador de la Dirección Nacional del Frente Sandinista y de la primera Junta de Gobierno, sin embargo, se convirtió en el rostro de la Revolución Sandinista y fue también el que más energía dedicó a mantener unido al partido luego de la derrota electoral de 1990.

Ni la escisión del partido en 1995, ni las derrotas sufridas en las elecciones de 1996 y 2001, lo hicieron seguir en su empeño de regresar a la silla presidencial, lo que consiguió después de los comicios de 2006 a pesar de recibir un porcentaje de votos menor al de las elecciones anteriores.

1.6.4. La Izquierda en Brasil.

El domingo 27 de octubre de 2002, Lula fue elegido presidente derrotando al delfín de Cardoso, José Serra, del PSDB asumió la presidencia de Brasil el primero de enero de 2003, tras ganar las elecciones en segunda vuelta con el mayor número de votos de la historia democrática brasileña en su momento.

Política Económica en Brasil. Lula inició en su gobierno el Programa de Aceleración del Crecimiento. En su gestión Lula se opuso a mantener un modelo económico similar al de su predecesor Fernando Henrique Cardoso. Sin embargo, en la práctica el país ha continuado su camino sobre principios fundamentales muy similares.

El gobierno de Lula se caracterizó por resultados económicos positivos como la baja inflación, y alta tasa de crecimiento de PIB, así como por la reducción del desempleo, una mayor división de ingresos y aumentos de la balanza comercial. También destacó por el incentivo de las exportaciones y la creación de microcréditos, entre otros. Pero en su gestión su medida económica más notoria ha sido la de liquidar anticipadamente el pago de las deudas con el Fondo Monetario Internacional y el BIRF (Wikipedia, 2023).

Resultados Económicos de la Presidencia

·   El PIB del país creció en un 37.48% (2003-2010)

·   La desigualdad (Índice de Palma) bajó en un 21.49% (2003-2009).

·   20,604,144 personas dejaron de vivir en favelas, es decir, al 10.49% de la población de Brasil, sacando al 36.83% del total de gente que vive en favelas. (2002-2010).

·   La pobreza por ingresos bajó de 26.08% en 2003 a 14.59% en 2009 y 12.03% en 2011.

·   La pobreza por ingresos bajó de 63.02% en 2003 a 49.60% en 2009, y 45.44% en 2011. (Wikipedia, 2023).

Lula, que gobernó Brasil entre 2003 y 2010, se encontraba en la cárcel desde abril de 2018 tras haber sido condenado a ocho años y diez meses por un tribunal de segunda instancia por un caso de corrupción.

Liberan a Lula: el expresidente de Brasil sale en libertad tras pasar 19 meses preso por un caso de corrupción. La libertad de Lula fue posible tras la resolución que emitió el jueves la Corte Suprema de Brasil estableciendo que, como dice la Constitución, un condenado solo puede ir a prisión una vez haya agotado todos sus recursos.

El Regreso de Lula. Las elecciones brasileñas de octubre de 2022 fueron una dramática materialización. El país más grande de América Latina (alrededor de 215 millones de habitantes y la decimotercera economía mundial), conmemoraba el bicentenario de su independencia, reavivando formas violentas de sociabilidad.

Moviéndose en la dirección opuesta, una especie de concertación o coalición democrática –aunque mucho menos formalizada que su contrapartida chilena– llevó por tercera vez a la presidencia al antiguo obrero metalúrgico Luiz Inácio Lula da Silva. En la segunda vuelta, celebrada el 30 de octubre de 2022, Lula obtuvo 51% de los votos válidos frente a 49% de su rival, con una participación de 79%.

1.6.5. La Izquierda en Bolivia

El 22 de enero de 2006, Evo Morales se convirtió en presidente de Bolivia, el primero de origen indígena, con la promesa de "refundar" la nación más pobre de Sudamérica tras cinco años de inestabilidad política y violentas revueltas populares. Ante una decena de presidentes y jefes de Estado, fue investido por el Congreso un día después de haber sido proclamado líder de los pueblos indígenas bolivianos.

El 1 de mayo de 2006, decretó la nacionalización definitiva de los recursos hidrocarburíferos del país. El 6 de diciembre de 2009 se celebraron elecciones presidenciales y Evo Morales logró la reelección, asumiendo el cargo el 22 de enero de 2010. El 9 de octubre de 2014 ganó con un amplio margen las elecciones presidenciales para un tercer mandato y apareció en el balcón del Palacio de Gobierno para celebrar ante una multitud su triunfo electoral, que dedicó al líder cubano Fidel Castro, al fallecido mandatario venezolano Hugo Chávez, y a todos los gobiernos antiimperialistas del mundo. De gobernar Bolivia de 2015 a 2020 en un tercer mandato, se convertiría en el presidente que más tiempo ha estado en el poder en el país andino.

Bajo Morales, Bolivia elevó su Producto Interno Bruto de 9 mil millones de dólares anuales a 40 000 millones y redujo la pobreza del 60% al 37%, según datos oficiales. Arce era un gran ministro, ahora siendo presidente la economía va a estar super bien. "Vamos a tener cinco años de riqueza", declaró la estudiante Ada Mary Medrano, de 18 años.

El nuevo presidente recibió una economía duramente golpeada por la pandemia, con una contracción prevista del PIB de 6.2% en 2020. Unos 7.3 millones de electores estaban llamados a votar en una jornada en la que también se renovaban los 166 escaños del Congreso bicameral, en el que se proyecta también un triunfo del MAS. El izquierdista Luis Arce tomó las riendas de una Bolivia polarizada y en crisis económica tras una contundente victoria en las urnas el domingo que abre la puerta al regreso de su mentor político, Evo Morales.

1.6.6. La Izquierda en Perú

El Gobierno de Pedro Castillo en el Perú inició el 28 de julio de 2021 (tras su juramentación como jefe de Estado tras ganar las elecciones generales de ese mismo año) y finalizó el 7 de diciembre de 2022, ya que fue destituido por el Congreso de la República del Perú, por lo cual, el mandato de Pedro Castillo duró un año y 130 días. A partir de diciembre de 2021, el eslogan de su gobierno fue Siempre con el pueblo.

Tras su convocatoria por el presidente Martín Vizcarra, el 11 de abril de 2021 se desarrolló la primera vuelta de las elecciones presidenciales de Perú, en la cual los candidatos presidenciales Pedro Castillo (de Perú Libre) y Keiko Fujimori (de Fuerza Popular) pasaron a la segunda vuelta, que se celebró el 6 de junio. Las primeras proyecciones auguraban un resultado cerrado entre ambos candidatos.

El 15 de junio, poco más de una semana después del balotaje, la Oficina Nacional de Procesos Electorales publicó el conteo completo de la votación, donde Pedro Castillo superó a Keiko Fujimori por poco más de 44 mil votos, convirtiéndose en presidente electo del Perú.

No obstante, desde el día siguiente de los comicios, la campaña de Fujimori emitió acusaciones de fraude electoral e inició varias demandas con el fin de anular los resultados en múltiples mesas de sufragio localizadas en las áreas donde Castillo había triunfado; sin embargo, estas fueron desestimadas por la justicia electoral peruana. Finalmente, el 19 de julio, el Jurado Nacional de Elecciones proclamó la elección de Pedro Castillo como presidente constitucional de la república y Dina Boluarte como vicepresidenta constitucional de la república para el periodo 2021–2026 (Wikipedia, 2021).

El Golpe de Estado en Contra de Castillo

Se desarrolló un golpe de Estado en Perú, en contra del gobierno de Pedro Castillo. Los orquestadores fueron los integrantes del Congreso, con asistencia de la policía y el ejército de ese país, luego de que el primer mandatario declarara Estado de Excepción y disolviera el Poder Legislativo.

La derecha consiguió que la Policía Nacional del Perú detuviera al presidente legítimamente electo por el pueblo. Durante los hechos, también fueron arrestados familiares de Pedro Castillo. Minutos antes, el Congreso lo había destituido como respuesta al anuncio en cadena nacional sobre la disolución de esa Cámara. Este golpe de Estado ha sido respaldado por el gobierno de Estados Unidos, (en abierta injerencia en asuntos que solo competen a los peruanos) que al calor de los hechos declaró rechazar la decisión de Castillo, de disolver el Congreso.

También ha sido acompañado por medios de comunicación corporativos no solo de esa nación, sino de medios internacionales, bajo el argumento de que quien estaba intentando hacer un golpe de Estado en Perú era el presidente constitucional Pedro Castillo. De acuerdo con la prensa local, con 101 votos a favor, el Congreso peruano declaró la vacancia del presidente por "incapacidad moral". Al mismo tiempo, los legisladores declararon que la vicepresidenta Dina Boluarte sería la presidenta del país.

En su cuenta de Twitter, la Policía Nacional peruana confirmó que el presidente Pedro Castillo fue detenido. A partir de entonces, medios corporativos de diversos países justificaron el derrocamiento del gobierno legítimo y legal de Pedro Castillo. Una vez suscitados todos estos hechos, el gobierno del presidente Andrés Manuel López Obrador anunció la cancelación de su viaje a Lima, mismo que se realizaría el próximo 14 de diciembre, para celebrar la reunión de la Alianza del Pacífico (Contralinea, 2022).

1.6.7. La Izquierda en Colombia

Con el triunfo de Gustavo Petro, Colombia se suma a la nueva ola de gobiernos de izquierda que llegan al poder en América Latina. Este año, los candidatos presidenciales de izquierda fueron los favoritos en las urnas en Chile y Honduras.

Un motivo importante de celebración para la izquierda latinoamericana, es que en Colombia ninguna corriente progresista había ganado una elección presidencial. El presidente electo, Gustavo Petro, y su futura vicepresidenta, Francia Márquez, han propuesto conformar un nuevo eje progresista con sus homólogos de México Manuel López Obrador, de Chile Gabriel Boric, y de Argentina Alberto Fernández, quienes fueron los primeros en saludarlo.

Una nueva ola de izquierda está surgiendo en la región de Latinoamérica. A diferencia de la primera, entre los años 2000 y 2010, esta parece ser más fuerte, porque ahora hay desafíos que son enormes. Una de las razones fundamentales del triunfo de la izquierda en estos países es probablemente la mala gestión de la pandemia, el sufrimiento económico y, en consecuencia, el aumento de la desigualdad.

1.6.8. La Izquierda en Argentina

Entre 2003 y 2015, en Argentina, los gobiernos de Néstor y Cristina Kirchner se asociaron, desde el punto de vista ideológico, con lo que se conoció como el "giro a la izquierda en América Latina". El periodo posterior, de Mauricio Macri, entre 2015 y 2019, se ubicó dentro de lo que se ha llamado "el giro a la derecha", mientras que el actual gobierno de Alberto Fernández, que comenzó a fines de 2019, abrió la posibilidad, una vez más, de un "giro hacia la izquierda". Así, los tres periodos inauguraron etapas de cambios en relación con los gobiernos precedentes, hacia un lado y hacia el otro del espectro ideológico.

FUENTES BIBLIOGRÀFICAS

*Almeida y Pérez (2023). Resistencia colectiva al neoliberalismo. Argentina. Libro digital pdf. CLACSO. Recuperado el 30 de septiembre de 2023 de:

https://bibliotecarepositorio.clacso.edu.ar/bitstream/CLACSO/171662/1/Resistencia-colectiva-neoliberalismo.pdf

*AMLO (2023) "Economía moral genera más ingresos al pueblo y reduce la desigualdad, afirma presidente" conferencia matutina. 3 de agosto. México Recuperado el 23 de septiembre de 2023 de:

https://lopezobrador.org.mx/2023/08/03/economia-moral-genera-mas-ingresos-al-pueblo-y-reduce-la-desigualdad-afirma-presidente/

*Basozabal E. (2005). Conflicto y Educación: Universidad del País Vasco. Recuperado el 21 de octubre de 2023 de:

https://institucional.us.es/revistas/cuestiones/17/art_17.pdf

*BBC News Mundo (2019). "Revolución Sandinista: 4 claves para entender la última revolución armada de América Latina y lo que queda de su legado en Nicaragua". Redacción. Recuperado el 10 de agosto de 2023 de:

https://www.bbc.com/mundo/noticias-america-latina-49035196

*Cabrera J. (2018). "La educación instrumento privilegiado para la transformación social" Recuperado el 15 de mayo de 2023 de:

https://cabreramc.com/la-educacion-instrumento-privilegiado-para-la-transformacionsocial/#:~:text=para%20hacerlas%20realidad.,La%20educaci%C3%B3n%20sigue%20siendo%20un%20instrumento%20privilegiado%20para%20la%20transformaci%C3%B3n,sociedad%20m%C3%A1s%20%C3%A9tica%20y%20sostenible.

*Cadena E. (1997). Convergencia Revista de Ciencias Sociales, núm. 14, Neoliberalismo y Política en México 1982-1997 Universidad Autónoma del Estado de México. Recuperado el 11 de mayo de 2023 de:

file:///C:/Users/Usuario/Downloads/9587-13-33853-1-10-20180130%20(3).pdf

*Calero (2023). "La izquierda marca el ritmo en América Latina en 2023" El retorno al poder de Lula en Brasil afianzará el bloque progresista. Recuperado el 30 de septiembre de 2023 de:

https://www.publico.es/internacional/izquierda-marca-ritmo-america-latina-2023.html

*Cámara de diputados (2023). "Diputadas y Diputados integrantes de la LXIV Legislatura". México Recuperado el 16 de septiembre de 2023 de:

http://sitl.diputados.gob.mx/LXIV_leg/info_diputados.php

*Cámara de senadores (2023). "Senadoras y Senadores en funciones"

Recuperado el 12 de septiembre de 2023 de: https://www.senado.gob.mx/65/pdfs/documentos_apoyo/64-

65/INFORMACION_BASICA_ED16_JUNIO_2023.pdf
. México.

*Carpizo J. (1999). "Los medios de comunicación masiva y el estado de derecho, la democracia, la política y la ética". México. Recuperado el 20 de septiembre de 2023.

https://archivos.juridicas.unam.mx/www/bjv/libros/5/2401/19.pdf

*CNDH (S/F). Matanza del jueves de corpus "el halconazo" México. Recuperado el 24 de septiembre de 2023 de:

https://www.cndh.org.mx/noticia/matanza-del-jueves-de-corpus-el-halconazo

*Contralinea, (2022). "Congreso, policía y ejército de Perú dan golpe de Estado a Pedro Castillo". Recuperado el 25 de septiembre de 2023 de:

https://contralinea.com.mx/interno/semana/congreso-policia-y-ejercito-de-peru-dan-golpe-de-estado-a-pedro-castillo/

*Contralinea (2023). "AMLO y los avances de la cuarta transformación" Recuperado el 16 de octubre de 2023 de:

https://contralinea.com.mx/interno/semana/amlo-y-los-avances-de-la-cuarta-transformacion/

*Contralinea (2023). "Elba Esther, corresponsable del fraude de 2006 junto con Calderón: AMLO" Recuperado el 24 de octubre de 2023 de:

https://contralinea.com.mx/interno/semana/elba-esther-corresponsable-del-fraude-de-2006-junto-con-calderon-amlo/

*Delgado D. (2020). "Principales dictadores de Latinoamérica en el siglo XX" Muy interesante. Recuperado el 27 de septiembre de 2023 de:

https://www.muyinteresante.es/historia/31296.html

*Dilmun (2016). "pollo de calidad y pollo industrializado" Recuperado el 12 de junio de 2023 de:

https://dilmun.mx/blogs/blog/pollo-de-calidad-vs-pollo-industrializado

*Eh (s/f). "Éxodo por la Democracia: El origen de AMLO"

Recuperado el 24 de octubre de 2023 de:

https://www.elhorizonte.mx/nacional/exodo-por-la-democracia-el-origen-de-amlo/2911559

*Ellner S. (2010). Cuadernos del Cendes "La primera década del gobierno de Hugo Chávez: Logros y desaciertos". Versión impresa ISSN 1012-2508 versión On-line ISSN 2443468XCDC v.27 n.74 Caracas Ag. Recuperado el 23 de septiembre de 2023 de:

http://ve.scielo.org/scielo.php?script=sci_arttext&pid=S1012-25082010000200003

*Esparza M. (2023). Contralínea. "Fue el Estado", conclusión sobre los 43 de Ayotzinapa. 4 de agosto. Recuperado el 10 de septiembre de 2023

https://contralinea.com.mx/interno/semana/fue-el-estado-conclusion-sobre-los-43-de-ayotzinapa/

*Estrada J. (2018). La jornada. "Cuauhtémoc Cárdenas llama a revertir la economía neoliberal". México.

Recuperado el 24 de septiembre de 2023 de: https://www.jornada.com.mx/2018/11/06/politica/021n3pol.

*Etecé. De (2022). "Neoliberalismo". Concepto. De. Argentina Recuperado el 19 de septiembre de 2023 de:

https://concepto.de/neoliberalismo/

*FAO (1999). "La agricultura orgánica". Organización de las Naciones Unidas para la Agricultura y la Alimentación. Recuperado el 26 de septiembre de 2023 de:

https://www.fao.org/3/X0075s/X0075s.htm

*Foro Internacional (2020). "El fracaso de la continuidad. La economía política del sexenio de Enrique Peña Nieto" Foro Int. vol. 60 no.2 Ciudad de México abr./jun. 2020 E. pub. 14-Ago-2020. Recuperado el 30 de agosto de 2023 de:

https://www.scielo.org.mx/scielo.php?script=sci_arttext&pid=S0185-013X2020000200629

*García C. (2023). "¿Qué fue la Operación Cóndor?" Recuperado el 30 de octubre de 2023 de:

https://elordenmundial.com/que-fue-operacion-condor/

*García, Pérez y Torres (2018). "Educar para los Nuevos Medios". Universidad Politécnica Salesiana. Ecuador. Recuperado el 27 de septiembre de 2023 de:

file:///C:/Users/Usuario/Desktop/Educar%20para%20los%20nuevos%20medios%202018%20LIBRO.pdf

*Gobierno de México (s/f). Presidencia de la República. Recuperado el 23 de septiembre de 2023 de:

https://www.gob.mx/presidencia/estructuras/andres-manuel-lopez-obrador

*Gobierno de México (2021). "Obesidad infantil: Nuestra nueva pandemia" Recuperado el 24 de julio de 2023 de:

https://www.gob.mx/promosalud/es/articulos/obesidad-infantil-nuestra-nueva-pandemia?idiom=e

*Gurrola C. (2021). Propuesta educativa para prevenir y erradicar la violencia y el acoso escolar. Editorial: ibukku, LLC. USA. Recuperado el 16 de octubre de 2023 de:

https://www.amazon.com.mx/gp/product/B08YHMV3V1/ref=dbs_a_def_rwt_hsch_vapi_tkin_p1_i4

*Gurrola C. (2022). Alimentación orgánica: la mejor opción para la salud. México. Recuperado el 24 de junio de 2023 de:

https://www.amazon.com.mx/ALIMENTACI%C3%93N-ORG%C3%81NICA-MEJOR-OPCI%C3%93N-Spanish/dp/B0BR57LFBF

*Gurrola C. (2022). La educación familiar basada en valores. Edit.: Barker and Jules, LLC. USA. Recuperado el 15 de octubre de 2023 de:

https://www.amazon.com.mx/gp/product/B0BQZFC16Y/ref=dbs_a_def_rwt_hsch_vapi_tkin_p1_i3

*IOVANOVICH M. L (2003). El Pensamiento de Paulo Freire: sus Contribuciones para la Educación: Consejo Latinoamericano de Ciencias Sociales CLACSO. Recuperado el 30 de agosto de 2023 de:

https://biblioteca.clacso.edu.ar/clacso/formacion-virtual/20100720092748/19iovanovich.pdf

*INEGI (2022). "Encuesta Nacional de Victimización y Percepción sobre Seguridad Pública (ENVIPE) 2022"

Comunicado de prensa núm. 502/22 8 de septiembre de 2022. Recuperado el 12 de julio de 2023 de:

https://www.inegi.org.mx/contenidos/saladeprensa/boletines/2022/ENVIPE/ENVIPE2022.pdf

*Lamrani, S. (2021). Ètudes Caribèennes "El sistema de salud en Cuba: origen, doctrina y resultados". Recuperado el 6 de septiembre de 2023 de:

https://journals.openedition.org/etudescaribeennes/21413

*Liberman T. (2017). "La influencia de la Revolución Cubana en la izquierda latinoamericana" Recuperado el 3 de julio de 2023 de:

https://books.openedition.org/ariadnaediciones/799?lang=es

*Francisco D. & Mendoza D. (2018). "EZLN, La guerrilla imaginativa". UNAM. México. Recuperado el 4 de junio de 2023 de:

https://unamglobal.unam.mx/ezln-la-guerrilla-imaginativa/

*Márquez C. (2023). *Izquierda Socialista* "El magisterio mexicano y su larga trayectoria de lucha". Recuperado el 5 de noviembre de 2023 de:

https://marxismo.mx/el-magisterio-mexicano-y-su-larga-trayectoria-de-lucha/

*Monbiot G. (2016) "Neoliberalismo: la raíz ideológica de todos nuestros problemas". El Diario. Es. Recuperado el 13 de octubre de 2023 de:

https://www.eldiario.es/internacional/theguardian/neoliberalismo-raiz-ideologica-problemas_1_4016189.html

*Mora (2014). Revista Encuentros Latinoamericanos Montevideo, Vol. VIII, n° 2, diciembre de 2014. Movimientos campesinos e indígenas en México (pp. 170-195) 170 Movimientos campesinos e indígenas en México. Recuperado el 3 de mayo de 2023 de:

file:///C:/Users/Usuario/Downloads/164-Texto%20del%20art%C3%ADculo-482-1-10-20190329%20(10).pdf

*Navas A. (2013) "Izquierda y Derecha: un intento de tipología". Universidad de Navarra. Recuperado el 25 de octubre de 2023:

https://dadun.unav.edu/bitstream/10171/35835/3/document-3.pdf

*OCDE (2018). "Programa para la Evaluación Internacional de Alumnos de la OCDE" Recuperado el 19 de octubre de 2023 de:

https://www.oecd.org/pisa/publications/PISA2018_CN_MEX_Spanish.pdf.

*Orgambides F. (1994). EL PAÍS, 25 de marzo de 1994. "Salinas anuncia el ingreso en la OCDE en medio del luto nacional" España. Recuperado el 2 de abril de 2023 de:

https://elpais.com/diario/1994/03/26/internacional/764636402_850215.html

*Ortega J. (2022) Revista Polis "Despejar la ecuación: el México de López Obrador y la "cuarta transformación"

Universidad Autónoma Metropolitana-Xochimilco, Ciudad de México, México. Recuperado el 3 de junio de 2023 de:

https://www.scielo.cl/scielo.php?script=sci_arttext&pid=S0718-65682022000100104

*PIMSA (2011). Reforma agraria: capitalismo, Estado y neoliberalismo. Capítulo 3. Recuperado el 6 de mayo de 2023 de:

http://rimd.reduaz.mx/coleccion_desarrollo_migracion/adios_al_campesinado/Campesinado7.pdf

*Ramírez C. (2020). INFOBAE "La foto maldita del "nuevo PRI" y Peña Nieto: los gobernadores que terminaron presos, prófugos y asesinados". México. Recuperado el 22 de agosto de 2023 de:

https://www.infobae.com/america/mexico/2020/12/18/la-foto-maldita-del-nuevo-pri-y-pena-nieto-los-gobernadores-que-terminaron-presos-profugos-y-asesinados/

*Ramírez S. (2023). "Claves para entender qué es el Fobaproa y por qué se sigue pagando" https://politica.expansion.mx/mexico/2023/06/07/que-es-el-fobaproa

*Rodríguez M. (2018). La masacre de Ayotzinapa, lucha y resistencia en México. Argentina: UBA- CEFMA. Recuperado el 3 de julio de 2023 de:

https://www.redalyc.org/journal/124/12454395005/html/

*Sosteniblepedia (2017). "Capitalismo salvaje" Recuperado el 26 de septiembre de 2023 de: https://www.sosteniblepedia.org/index.php/Capitalismo_salvaje

*Suárez K. (2023). El país. "México prohíbe el maíz transgénico para masa y tortilla, pero lo permite para consumo animal: las claves del nuevo decreto presidencial". España. Recuperado el 4 de septiembre de 2023 de:

https://elpais.com/mexico/2023-02-14/mexico-prohibe-el-maiz-transgenico-para-masa-y-tortilla-pero-lo-permite-para-consumo-animal-las-claves-del-nuevo-decreto-presidencial.html

*Tapia P. (2021). Selección 2021 | Estas 3 enfermedades meten presión a las finanzas del IMSS. Recuperado el 4 de agosto de 2023 de:

https://www.forbes.com.mx/estas-enfermedades-meten-presion-finanzas-del-imss-2020-gasto-mas-58000-mdp/

*UNAM (2017). "Transgénico el 90 por ciento del maíz de las tortillas en México: académica de la unan" México. Recuperado el 6 de julio de 2023 de:

https://www.dgcs.unam.mx/boletin/bdboletin/2017_607.html

*Ventura D. (2020). "Conoce el Fobaproa, la deuda bancaria que los mexicanos seguirán pagando por medio siglo"

https://businessinsider.mx/que-es-fobaproa-historia-mexicanos-pagan-deuda-bancaria/

*Wachauf D. (2023). El Universal. "Caso Ayotzinapa: van 132 detenidos por la desaparición de los 43 normalistas, señala Encinas". Recuperado el 14 de octubre de 2023 de:

https://www.eluniversal.com.mx/nacion/caso-ayotzinapa-van-132-detenidos-por-la-desaparicion-de-los-43-normalistas-senala-encinas/.

*Wikipedia, (2023). "Luis Ignacio Lula da Silva". Recuperado el 4 de agosto de 2023 de:

https://es.wikipedia.org/wiki/Luiz_In%C3%A1cio_Lula_da_Silva#:~:text=El%20gobierno%20de%20Lula%20corresponde,una%20posible%20%C2%ABnueva%20izquierda%C2%BB.